Vom Morgenkreis zum Abschiedslied

Themen- und Methodenübergänge ohne Chaos

Verlag an der Ruhr

Titel der amerikanischen Originalausgabe:
Teachable Transitions,
190 Activities to Move from Morning Circle
to the End of the Day

© der amerikanischen Originalausgabe:
Gryphon House 2003

Titel der deutschen Ausgabe:
Vom Morgenkreis zum Abschiedslied
Themen- und Methodenübergänge ohne Chaos
Autorin: Rae Pica
Illustrationen: Kathy Dobbs
Übersetzung: Daniela Köhn

Bearbeitung für Deutschland:
Verlag an der Ruhr

Druck: Druckerei Uwe Nolte, Iserlohn
Verlag: Verlag an der Ruhr
           Alexanderstraße 54 – 45472 Mülheim an der Ruhr
           Postfach 10 22 51 – 45422 Mülheim an der Ruhr
           Tel.: 02 08/4 39 54 50 – Fax: 02 08/4 39 54 239
           E-Mail: info@verlagruhr.de
           www.verlagruhr.de

© der deutschen Ausgabe
Verlag an der Ruhr 2005
ISBN 10: 3-86072-968-3 (bis 12/2006)
ISBN 13: 978-3-86072-968-7 (ab 2007)

**geeignet für
die Altersstufe**

Inhaltsverzeichnis

Ankunft und Begrüßung

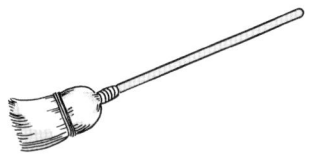

Aufräumen

... zum Abschiedslied

Ess- und Trinkpausen

Außerhalb des Klassenzimmers/ Gruppenraums

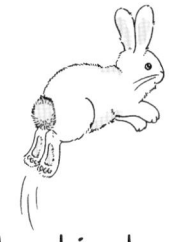

Entspannungspausen

Abschied

… zum Abschiedslied

Einleitung

Kennen Sie auch das Chaos bei Ortswechseln im Klassenzimmer oder Gruppenraum, zwischen Unterrichtsphasen oder beim Gang durch die Einrichtung? Diese Minuten lassen sich auch sinnvoll nutzen. Dieses Buch hilft Ihnen dabei, Übergänge von einem Lernort zum anderen oder von einer Arbeitsphase zur nächsten vielseitig zu gestalten. Die Spiele, Lieder und Reime helfen den Kindern dabei, Tätigkeiten und Phasen bewusst abzuschließen. Dabei kann es z.B. darum gehen, dass sie sich in eine Gruppe hinein- oder aus einer Gruppe herausbewegen, dass sie aufmerksam warten müssen, bis sie bei einer Aufgabe an der Reihe sind, und vieles mehr. Auf diese Weise fällt das Umschalten auf neue Aktivitäten leichter. Alle Spiele sind leicht zu erlernen und zeitlich kurz bemessen, z.B. zur Begrüßung, bei Übergängen in die Pausen, der Begleitung von Außenaktivitäten oder zur Motivation zum Aufräumen.

Da die Übungen in diesem Buch nach Tageszeiten geordnet sind, können sie leicht in den Tagesplan integriert werden. Sie sorgen für Kontinuität im Alltag und bieten den Kindern viele zusätzliche Lernmöglichkeiten. Einige Übungen beziehen sich auf gängige Lerninhalte in Kindergarten und Schule.

Die Übergänge in diesem Buch lassen die Kinder wertvolle Lernerfahrungen machen, geben aber auch die Möglichkeit, gemachte Erfahrungen zu wiederholen und das neue Wissen und Können dadurch zu festigen. In den Spielen werden die Kinder häufig dazu aufgefordert, Gelerntes auf die Spielsituation zu übertragen.

Viele der Anregungen sind eine thematische Ergänzung zu Lerninhalten. Übungen, die sich auf bestimmte Themen beziehen, sind mit einem Symbol gekennzeichnet, sodass Sie sie auf den ersten Blick erkennen können.

 Jahreszeiten

 Berufe

 Tiere

 Farben

 Feste & Feiertage

 Wetter

 Transport

 Formen

Die Übungen legen mit einer Vielzahl an Liedern, Gedichten und Reimen ihren Schwerpunkt auf Sprache, Musik und Bewegung. Zusätzlich wird durch kooperative Gruppenaktivitäten der Gemeinschaftssinn gestärkt.

Jedes Kind erfährt sich als Einzelner* und als Teil einer Gruppe. Problemlöseverhalten, Kreativität und Ausdruck der eigenen Persönlichkeit wird in den Spielen gefördert und gefordert.
Dies ist wichtig für die Entwicklung des kritischen und kreativen Denkens. Kinder können schon zu vielen Problemstellungen eine Lösung finden und sind dabei oft kreativ und fantasievoll. Daher geben die Ideen in diesem Buch den Kindern vielfältige Möglichkeiten, ihre Vorstellungskraft zu benutzen.

Zusätzlich fördern die Übungen in diesem Buch Erfahrungen mit Musik und Bewegung. Die Mehrzahl der Übungen beinhaltet irgendeine Art von Bewegung, sei es direkt auf der Stelle oder in der Fortbewegung. Sie können die Übergangszeiten gut dazu nutzen, vorher gelernte Bewegungen anzuwenden und zu üben. Die Kinder können z.B. aufgefordert werden, ihre Lieblingsbewegung, die sie heute gelernt haben, auszuführen, während sie sich von A nach B bewegen. Oder sie führen ein bestimmtes Bewegungsmuster aus, wie z.B. galoppieren (Fortbewegung), sich drehen (Bewegung auf der Stelle), oder sie tun so, als zögen sie etwas.

Wenn Kinder singen, während sie ihre täglichen Aufgaben erledigen, erfahren sie die musikalischen Elemente Tonlage, Tempo und Rhythmus. So verwurzelt sich die Idee von Musik als fester Größe in ihrem Alltag.

---

* Aus Gründen der einfacheren Lesbarkeit verwenden wir
  im weiteren Text nur die männliche Form. Mädchen und
  Frauen sind aber natürlich auch eingeschlossen.

Wie Sie dieses Buch benutzen können

Es ist sehr leicht, gelungene Themen- und Methodenübergänge mit Hilfe dieses Buches zu planen oder auch mal spontan einfließen zu lassen. Da sich jedes Kapitel auf einen bestimmten Themenübergang bezieht, können Sie einfach den passenden für Ihren Alltag auswählen. Junge Kinder mögen und brauchen Wiederholung, deshalb ist es ratsam, eine bestimmte Übung über einen bestimmten Zeitraum immer wieder durchzuführen: für eine Woche, für zwei Wochen, oder so lange, wie die Kinder Freude daran haben und/oder die Übung effektiv ist.

Für viele Übungen gibt es Vorschläge zu Übungsvariationen. Dadurch bleiben sie über einen langen Zeitraum interessant, bieten den Kindern aber trotzdem die notwendige Wiederholungsmöglichkeit. Außerdem machen die Varianten die Übungen für die Kinder – und Sie – abwechslungsreicher.

Fingerspiele, Bewegungsspiele und Lieder

Wenn Sie den Kindern Bewegungsspiele beibringen möchten, ist es ratsam, folgendermaßen vorzugehen: Demonstrieren Sie zuerst die Handlungen, während Sie die dazugehörenden Wörter singen oder sprechen. Wiederholen Sie diesen Prozess, wobei die Kinder nur die Bewegungen mitmachen sollen. Beim nächsten Durchgang können die Kinder sowohl Bewegungen als auch den Text gemeinsam mit Ihnen durchführen.

Wenn Sie Kindern ein Lied beibringen möchten, singen Sie es ihnen so oft wie möglich vor. Erklären Sie, dass Sie nicht erwarten, dass die Kinder mitsingen. Erst, wenn die Kinder sich bereit dazu fühlen, stimmen sie mit ein. Oft kommt es vor, dass junge Kinder ein Lied erst dann mitsingen, wenn es ihnen vertraut ist.

Die Reime und Melodien sind natürlich nur Empfehlungen. Sie können gerne von Ihnen abgeändert werden und z.B. durch Lieblingslieder der Kinder ersetzt werden.

Bei Bewegungsspielen sollten Sie darauf achten, dass nicht jedem Kind die direkte Berührung zu einem anderen Kind gefällt. Daher ist es teilweise notwendig, den eigenen „persönlichen Raum" zu respektieren, es sei denn, in dem Spiel ist die konkrete Berührung Teil der Übung.

Das „Prinzip des persönlichen Raumes" können Sie den Kindern ganz einfach erklären: Sie sollen sich vorstellen, jeder befände sich in einer großen Luftblase. Nun darf sich jedes Kind frei im Raum bewegen, ohne die Luftblase des anderen zu berühren, die würde ja dann kaputtgehen.

Allgemeine Hinweise

Hier einige nützliche Tipps, wie Sie Themen- und Methodenübergänge ohne Hektik und Chaos hinbekommen:

◎ Bleiben Sie ruhig und gelassen.
Wenn Sie in der Übergangsphase hektisch erscheinen, werden auch die Kinder unruhig. Wenn Sie sich jedoch langsam bewegen und leise sprechen, werden die Kinder es genauso machen.

◎ Treffen Sie notwendige Vorbereitungen im Voraus. Wenn der geplante Übergang bestimmte Materialien erfordert, dann legen Sie diese vorher bereit.

◎ Wenn die Kinder in der geplanten Übung eine Reihenfolge einhalten müssen, ist es wichtig, dass nicht immer dieselben Kinder zuerst an die Reihe kommen. Die Kinder werden lernen zu warten, bis sie an der Reihe sind, wenn sie aus Erfahrung gelernt haben, dass sie auch wirklich an die Reihe kommen. Es können zum Beispiel an einem Tag alle Kinder mit braunen Augen zuerst ihre Jacken anziehen, am nächsten Tag sind es dann alle mit grünen und blauen Augen.

Auf die Plätze, fertig, los!

Die Methodik für die Übungen in diesem Buch ist einfach:
Auf die Plätze Fertig Los!

◎ Bei **Auf die Plätze** finden Sie die Hintergrundinformationen, die Sie
für die Übung brauchen. Dieser Abschnitt zeigt Ihnen z.B., ob die Übung
eine bestimmte Verbindung zu einem Unterrichtsthema hat und was
die Kinder bei dieser Übung lernen werden.

◎ **Fertig** sagt Ihnen, wie Sie die Kinder auf die kommende Übung
vorbereiten können.
Sollen sie in einem Kreis stehen? Gibt es Prinzipien oder Anweisungen,
die sie verstehen müssen? Gibt es Gegenstände, die bereitgelegt
werden müssen?

◎ **Los!** beschreibt die Übung und liefert, wenn erforderlich, den Text
für ein Lied, einen Sprechgesang oder ein Fingerspiel.

◎ Varianten der Übung finden Sie unter **Noch mehr Ideen.**

Einige wenige Erzieher und Lehrer halten Übergänge für Zeitverschwen-
dung. Dabei vergessen sie, dass gut geplante Übergänge den Kindern
vielfältige Lernerfahrungen ermöglichen. Schließlich planen Sie auch
die anderen Teile des Tages.

Themen- und Methodenübergänge sind ein fester Bestandteil des Alltags –
ankommen, sich im Sitzkreis sammeln, zur Pause gehen … – und wiederholen
sich von Tag zu Tag. Damit Ihre Kinder diese Zeiten sinnvoll nutzen und als
Bereicherung ihres Tages erleben, finden Sie in diesem Buch für jede Über-
gangssituation die passende Übung.

**Ich wünsche Ihnen fließende Themen-
und Methodenübergänge ohne Chaos!**

Rae Pica

Ankunft und Begrüßung

Wir alle werden gerne begrüßt, denn dann fühlen wir uns als etwas Besonderes. Sie als Erzieher oder Lehrer können dazu beitragen, **dass Ihre Kinder sich geschätzt fühlen und gut in den Tag starten,** indem Sie jeden Einzelnen willkommen heißen.

Besonders gerne werden Kinder mit ihrem Namen begrüßt. Trotzdem löst ein einfaches „Guten Morgen, (Tim)" nicht unbedingt Begeisterung aus und Freude darüber, im Kindergarten oder der Schule angekommen zu sein.

Probieren Sie stattdessen aus, jedes einzelne Kind an der Raumtür zu empfangen und eine der Übungen von Seite 14–18 mit ihm durchzuführen. Sie werden sehen: **Die Kinder werden sich jeden Tag auf ihre Ankunft freuen!**

Zusätzlich zu Begrüßungsmöglichkeiten enthält dieses Kapitel Übungen, die Sie durchführen können, **wenn schon einige Kinder anwesend und bereit sind, in den Tag zu starten**. Diese Übungen finden Sie auf den Seiten 19–23.

Später, wenn alle Kinder eingetroffen sind, können Sie die Übungen aus dem dritten Abschnitt dieses Kapitels auf den Seiten 24–29 durchführen, **um einen Sitzkreis zu beginnen, ein Gemeinschaftsgefühl aufzubauen oder um die Kinder auf die Inhalte des Tages einzustimmen.**

Um einen stimmigen Übergang zum Rest des Tages zu finden, ist es sinnvoll, mit den Kindern darüber zu sprechen, was der Tag ihnen bringen wird. Dafür können Sie gemeinsam ein Lied singen oder eine Bewegungsübung durchführen, die mit dem anstehenden Thema zu tun hat.

Lautet das Thema z.B. „Verkehrsmittel", dann können Sie mit Ihrer Klasse „Auf der schwäb'schen Eisenbahn" singen und sich dann gemeinsam wie ein Zug zum nächsten Teil des Tages bewegen. Auf den Seiten 30–36 können Sie zwischen vielen Übungen wählen, die **einen gelungenen Übergang zu unterschiedlichsten Themen bieten.** Diese Übergänge können Ihnen auch in anderen Phasen des Unterrichts nützlich sein.

...zum Abschiedslied

Guten Morgen
wünsch ich dir!

Auf die Plätze ...

◎ Singen Sie dieses einfache Begrüßungslied, während Sie
   jedes einzelne Kind an der Tür empfangen.

◎ Die Melodie ist bekannt und einfach.
   Nach dieser Begrüßung fängt für jedes Kind der Tag gut an.

Fertig ...

◎ Schauen Sie das Kind an, während Sie das Begrüßungslied singen.

Los!

◎ Singen Sie folgendes Begrüßungslied auf die Melodie von „Happy Birthday":

   Guten Morgen wünsch ich dir!
   Guten Morgen wünsch ich dir!
   Guten Morgen, liebe (Anna),
   guten Morgen wünsch ich dir!

◎ Oder probieren Sie die englische Version, wenn Sie schon
   mit Frühenglisch angefangen haben:

   Good morning to you!
   Good morning to you!
   Good morning, dear (Anna),
   good morning to you!

Hallo, Hallo!

Auf die Plätze ...

◎ Der folgende Begrüßungsspruch beinhaltet nicht den Namen des Kindes. Wollen Sie die Begrüßung etwas persönlicher gestalten, können Sie einfach ein herzliches „Guten Morgen, (Jonas)" vor den Spruch setzen.

◎ Der Handschlag verleiht der Begrüßung eine weitere persönliche Note. Kinder geben gerne die Hand, da sie sich dabei erwachsen fühlen.

Fertig ...

◎ Sagen Sie den folgenden Spruch, während Sie jedem ankommenden Kind die Hand schütteln.

Los!

◎ Schütteln Sie dem Kind die Hand, während Sie „Wie geht es dir?" und „Willkommen hier" sagen.

Hallo, Hallo!
Wie geht es dir?
Es ist ein schöner Morgen,
willkommen hier.

🕂 Noch mehr Ideen

Wenn Sie nur wenige Kinder in Ihrer Gruppe haben, können die Kinder sich auch gegenseitig mit dem Spruch begrüßen.

◎ Stellen Sie sich dazu mit allen Kindern in einen Kreis. Wenden Sie sich an das Kind auf ihrer rechten oder linken Seite, schütteln Sie die Hand des Kindes und sagen Sie den Spruch.

◎ Dieses Kind wendet sich an das nächste Kind, schüttelt dessen Hand und sagt den Begrüßungsspruch. So geht es weiter, bis jedes Kind an der Reihe war.

◎ Falls Sie eine größere Gruppe haben, kann auf das Händeschütteln verzichtet werden. Der Spruch wird einfach gemeinsam aufgesagt.

... zum Abschiedslied

Bewegung zu den Jahreszeiten

Auf die Plätze ...

◎ Bei dieser Übung können die Kinder sich auf ganz besondere Weise von der Raumtür zum Sitzkreis oder zu ihren Plätzen bewegen.

◎ Die Jahreszeiten werden den Kindern ins Bewusstsein gerufen. Außerdem erhält das Kind eine Möglichkeit, sich durch Bewegung auszudrücken und seine Fantasie zu benutzen. So macht das Ankommen Spaß!

Fertig ...

◎ Begrüßen Sie das ankommende Kind an der Tür.

Los!

◎ Fordern Sie das Kind auf, sich so zu seinem Platz oder in den Sitzkreis zu bewegen, als ob es etwas wäre, das mit der aktuellen Jahreszeit zu tun hat, z.B. im Winter eine Schneeflocke oder ein Schneemann und im Herbst ein fallendes Blatt.

✚ Noch mehr Ideen

◎ Kurz vor den Ferien oder vor Feiertagen können Sie die Übung so abändern, dass sie sich auf das bevorstehende Ereignis bezieht.

◎ Vor Ostern könnten die Kinder sich z.B. wie ein Hase bewegen, vor Weihnachten wie der Weihnachtsmann mit seinem großen Sack.

◎ **Hinweis:** Geben Sie vor, dass die Kinder selbst entscheiden sollen, wie sie sich bewegen wollen, wenn Ihnen selbst nichts einfallen will.

Ein Feiertag
steht vor der Tür

Auf die Plätze ...

◎ Begrüßen Sie jedes Kind mit diesem Spruch,
  wenn ein Feiertag ansteht.

◎ Da er so kurz ist, eignet sich dieser Spruch besonders,
  wenn die Zeit knapp ist.

Fertig ...

◎ Fügen Sie zu dem Spruch den Namen des Feiertages ein.

Los!

◎ Und so lautet der Spruch:

  Hallo und Willkommen,
  wie schön, du bist da!
  Freu dich mit uns auf (Name des Feiertages),
  eine schöne Zeit im Jahr.
  (oder: ein schöner Tag im Jahr, falls es ein einzelner Tag ist)

Wenn ich groß bin

Auf die Plätze ...

◎ Auch, wenn Sie gerade nicht das Thema „Berufe" durchnehmen, ist diese Übung gut dafür geeignet, dass sich jedes Kind von der Raumtür zum Sitzkreis oder zu seinem Platz bewegt.

◎ Diese Übung spricht sowohl die kognitive Entwicklung als auch Kreativität an. Sie verdeutlicht den Kindern, dass jeder Beruf wichtig für die Gesellschaft ist.

Fertig ...

◎ Begrüßen Sie das Kind an der Tür und helfen Sie ihm, wenn notwendig, beim Ausziehen seiner Jacke.

◎ Fragen Sie das Kind, was es werden möchte, wenn es groß ist.

◎ Wenn das Kind einen Beruf genannt hat, fragen Sie nach einer Tätigkeit, die in diesem Beruf durchgeführt wird.

Los!

◎ Fordern Sie das Kind auf, sich so zu den anderen Kindern zu bewegen, als ob es die oben genannte Tätigkeit ausführen würde.

◎ Wenn z.B. ein Kind als Beruf „Fußballspieler" genannt hat, dann kann es sich zu den anderen Kindern bewegen, als ob es einen Ball schießt. Hat ein Kind als Beruf „Lehrer" genannt, kann es sich so bewegen, als ob es mit Kreide an die Tafel schreiben würde.

◎ Fordern Sie die schon anwesenden Kinder auf, zu erraten, welchen Beruf das ankommende Kind darstellt.

Kommt in den Kreis

Auf die Plätze ...

◎ Wenden Sie diesen Spruch an, wenn einige Kinder zusammen ankommen und Sie sie in den Sitzkreis rufen möchten.

◎ Die Kinder werden nicht sehr viel Aufforderung benötigen, denn erstens formen sie gerne einen Kreis mit ihren Freunden und zweitens verbeugen sie sich gerne.

Fertig ...

◎ Erklären Sie, was die Kinder tun sollen, während Sie den Spruch aufsagen.

Los!

◎ Geben Sie Ihrer Stimme einen einladenden Klang und sagen Sie:

Kommt zusammen, kommt zusammen,
kommt her in den Kreis.
Nehmt euch alle bei den Händen
und verbeugt euch ganz leis.

Guten Morgen, guten Morgen!

Auf die Plätze ...

◉ Wenden Sie dieses Bewegungsspiel mit der ganzen Gruppe an oder mit Kindern, die vor dem Rest der Gruppe angekommen sind.

Fertig ...

◉ Setzen Sie sich mit den Kindern in einen Kreis.

◉ Bewegungsvorschläge finden Sie am Ende jeder Gedichtzeile.

◉ Achten Sie darauf, dass die Kinder die Arme über die Körpermittelachse hinüber kreuzen, wenn die Arme weit ausgebreitet werden. Diese Bewegung fördert die Entwicklung des Gehirns.

Los!

◉ Bringen Sie den Kindern folgendes Gedicht bei:
Guten Morgen, guten Morgen (klatschen)**!**
Guten Morgen wünsche ich (Arme weit ausbreiten)**.**
Ich bin froh, dass ich hier bin
(mit dem Zeigefinger ein Lächeln in die Luft malen)**.**
Ich hoffe, du freust dich auch (zeigen Sie auf die Kinder)**.**

Ich habe etwas mitgebracht ...

Auf die Plätze ...

◎ Kinder bekommen nie zu viel von dieser alten Übung, die die Sprach-
entwicklung und die Sozialkompetenz fördert.

Fertig ...

◎ Fordern Sie die Kinder einen Tag, bevor Sie diese Übung durchführen
möchten, dazu auf, etwas Besonderes mit in die Schule zu bringen.

◎ Selbst, wenn Sie die Schüler nicht dazu aufgefordert haben, werden sie
etwas dabei haben, was ihnen wichtig ist.

Los!

◎ Fragen Sie jedes neuankommende Kind, was es mitgebracht hat.
Fordern Sie es auf, von dem mitgebrachten Gegenstand zu berichten.

Rate mal,
was ich gemacht habe

Auf die Plätze ...

◎ Diese Übung fördert die Ausdrucksfähigkeit und die Sozialkompetenz.

◎ Außerdem muss bei dieser Übung etwas erraten werden, was das Problemlöseverhalten fördert. Die Übung ist eine gute Aufwärmübung fürs Gehirn.

Fertig ...

◎ Erklären Sie, dass nun ein Kind etwas vormachen wird, was es am vergangenen Nachmittag oder Abend gemacht hat. Die anderen Kinder sollen erraten, was es ist.

Los!

◎ Jedes ankommende Kind führt etwas vor, was es am vergangenen Nachmittag oder Abend gemacht hat. Die anderen Kinder erraten, was es ist.

Wie ist
das Wetter?

Auf die Plätze ...

◎ Dieser Reim richtet die Aufmerksamkeit der Kinder auf die aktuelle Jahreszeit und auf das Wetter.

◎ Er eignet sich außerdem als Einleitung zu einem Gespräch über den Tag oder über einen baldigen Feiertag.

Fertig ...

◎ Setzen Sie sich mit den Kindern in einen Sitzkreis.

Los!

◎ Sie können zum Rhythmus des Reims auf Ihre Oberschenkel klatschen.

◎ Und so geht der Reim:

Guten Morgen, guten Morgen!
Das Wetter ist (warm).
Es ist ein (Sommer)**tag heute,**
es freu'n sich alle Leute.

✚ Noch mehr Ideen

◎ Wenn die Kinder den Reim beherrschen, können sie den Tag beschreiben.

◎ Jedes Kind kann ein Wort nennen, das mit dem Wetter oder der Jahreszeit zu tun hat.

Unser Tag beginnt

Auf die Plätze ...

◎ Lassen Sie die Kinder den Tag mit Freude beginnen, indem Sie mit ihnen dieses Lied auf die Melodie von „Old MacDonald has a farm" singen.

Fertig ...

◎ Setzen Sie sich mit den Kindern in einen Kreis und singen Sie ihnen das Lied vor.

Los!

◎ Erklären Sie, dass am Ende des Liedes alle laut „Hurra" rufen sollen.

◎ Und so geht das Lied:

Der Tag beginnt, der Tag beginnt.
Alle Kinder sind da.
Wir lernen, spielen, malen heut
und rufen laut „Hurra!"

◎ Sagen Sie den Kindern am Ende des Liedes, was als Nächstes kommt.

Das ist mein Freund

Auf die Plätze ...

◎ Diese Übung eignet sich gut zur Begrüßung, wenn alle Kinder angekommen sind.

Fertig ...

◎ Stellen Sie sich mit den Kindern in einen Kreis. Alle halten sich an den Händen.

Los!

◎ Heben Sie den Arm des Kindes auf Ihrer rechten oder linken Seite und sagen Sie „Das ist mein Freund ..."

◎ Das Kind, dessen Arm Sie gehoben haben, sagt seinen Namen und hebt nun den Arm des Kindes neben ihm und wiederholt „Das ist mein Freund ..."

◎ So geht es weiter, bis jeder im Kreis einmal dran war und alle Arme in der Luft sind.

◎ Dann verbeugen sich alle gemeinsam.

✚ Noch mehr Ideen

◎ Wenn die Kinder sich mit Namen kennen, können sie sich gegenseitig vorstellen.

◎ Z.B. kann ein Kind den Arm seines Nebenmannes heben und sagen „Das ist mein Freund Marcel."

◎ Nachdem jeder vorgestellt wurde, können sich alle gemeinsam verbeugen.

◎ Bringen Sie die Jahreszeiten mit ins Spiel, indem Sie die Kinder auffordern, nicht nur ihren Namen zu sagen, sondern auch, was ihnen an der aktuellen Jahreszeit am besten gefällt.

Hier kommen wir!

Auf die Plätze ...

◎ Dieses Lied soll das Gemeinschaftsgefühl der Gruppe stärken.

Fertig ...

◎ Singen Sie den Kindern das Lied auf die Melodie von „Hab 'ne Tante aus Marokko" an aufeinander folgenden Tagen mehrmals vor.

◎ Schon bald werden die Kinder den Text kennen und mitsingen.

Los!

◎ Viel Spaß beim Singen des Liedes:

Hier kommen wir, hier kommen wir, alle sind hier – hipp-hopp!
Hier kommen wir, hier kommen wir, alle sind hier – hipp-hopp!
Wir werden spielen, lernen, lachen,
viele tolle Sachen machen.
Hier kommen wir, hier kommen wir, alle sind hier – hipp-hopp!

✚ Noch mehr Ideen

◎ Fügen Sie den einzelnen Liedzeilen Bewegungen hinzu.

◎ Vorschläge für Bewegungen finden Sie in den Klammern.

Hier kommen wir, hier kommen wir, alle sind hier – hipp-hopp
(zweimal winken mit der Hand, dann auf alle im Kreis zeigen)**!**
Hier kommen wir, hier kommen wir, alle sind hier – hipp-hopp
(zweimal winken mit der Hand, dann auf alle im Kreis zeigen)**!**
Wir werden spielen, lernen, lachen
(dreimal nicken)**,**
    Viele tolle Sachen machen
    (viermal hüpfen)**.**
    Hier kommen wir, hier kommen wir, alle sind hier – hipp-hopp
    (zweimal winken mit der Hand, dann auf alle im Kreis zeigen)**!**

Wir sind froh, hier zu sein

Auf die Plätze ...

◎ Dieses einfache Lied und das Gespräch, das darauf folgen kann, bereitet den Weg für einen guten Einstieg in den Tag.

Fertig ...

◎ Setzen Sie sich mit den Kindern in einen Kreis.

Los!

◎ Singen Sie mit den Kindern das folgende Lied auf die Melodie von „Taler, Taler":

Alle, alle sind zusammen,
wir sind froh, heut hier zu sein,
wir wollen lernen, wir wollen spielen,
wir wollen fleißige Kinder sein.

◎ Gehen Sie durch den Kreis, nachdem Sie das Lied einmal oder zweimal gesungen haben, und fragen, worauf sich die Kinder an diesem Tag am meisten freuen.

Stehe auf/Setze dich hin (1)

Auf die Plätze ...

◉ Diese Übung ist eine Aufwärmübung sowohl für den Körper als auch für den Geist.

◉ Die Kinder setzen die Begriffe „hoch" und „runter" konkret um.

◉ Die Kinder werden viel Spaß bei dieser Übung haben.

Fertig ...

◉ Die Kinder sitzen in einem Kreis oder verstreut im Raum.

Los!

◉ Fordern Sie die Kinder auf, aufzustehen oder sich hinzusetzen, wenn Folgendes auf sie zutrifft: z.B. „Steh auf, wenn du heute gute Laune hast." oder: „Setz dich hin, wenn du heute malen möchtest."

◉ Weitere Möglichkeiten:

... es dir heute gut geht.

... du froh bist, deine Freunde zu sehen.

... du schlechte Laune hast.

◉ Wenn die Kinder nach dieser Übung an einen anderen Platz im Raum gehen sollen (z.B. auf ihre Plätze), ist es sinnvoll, als Letztes eine Aufgabe zu stellen, bei der alle Kinder aufstehen werden.

◉ Wenn eine weitere Übung durchgeführt werden soll, bei der die Kinder sitzen, stellen Sie eine Aufgabe, bei der alle Kinder sich hinsetzen.

Die vier Jahreszeiten

Auf die Plätze ...

◎ Dieses Bewegungsspiel kann für jede der vier Jahreszeiten genutzt werden.

◎ Es ist eine Möglichkeit, die Kinder am Anfang des Tages zu sammeln.

Fertig ...

◎ Setzen Sie sich mit den Kindern in einen Kreis. Sagen Sie den Text (siehe unten) auf und zeigen Sie den Kindern die dazugehörenden Bewegungen.

Los!

◎ Und so lautet der Text:

Ich mag die Welt im Winter *(Frühling, Sommer, Herbst)*
(auf sich selbst zeigen, bei „Welt" mit den Armen einen großen Kreis beschreiben).

Die Tage sind schön kalt *(hell, lang, warm ...)*
(sich mit Freude die Hände reiben).

Dies ist die vierte *(erste, zweite, dritte)* **Jahreszeit**
(an einer Hand die entsprechende Anzahl Finger zeigen).

Und hält viel Freude für uns bereit
(Arme nach oben strecken).

Jeder Tag bringt etwas Schönes
(Hand oberhalb der Augen legen, als ob man nach etwas Ausschau hält).

Das macht mich richtig froh
(mit Zeigefinger ein Lächeln in die Luft malen).

Die vier Jahreszeiten sind so!
(Applaus)

... zum Abschiedslied

Wir hüpfen und springen

Auf die Plätze ...

◎ Nutzen Sie diese Übung, wenn die Kinder sich vom Sitzkreis oder einem anderen „Sammelplatz" zu einem anderen Platz im Raum bewegen sollen.

Fertig ...

◎ Diese Übung bietet vielfältige Möglichkeiten zur Schulung der motorischen Fähigkeiten.

Los!

◎ Fordern Sie die Kinder auf, auf eine der folgenden Bewegungsarten zu einem anderen Platz im Raum zu gelangen.
- springen auf zwei Beinen
- springen auf einem Bein
- marschieren
- gehen
- galoppieren
- hüpfen

➕ Noch mehr Ideen

◎ Fügen Sie den Bewegungen die folgenden Beschreibungen zu, um den Kindern komplexere Übungsmöglichkeiten zu bieten.
- vorwärts
- rückwärts
- seitlich
- in einer geraden Linie
- in Schlangenlinien
- in einer zickzack-förmigen Linie
- in aufgerichteter Position
- in gebeugter Position
- ganz leise
- ganz laut
- langsam
- schnell

Wir lösen ein Problem

Auf die Plätze ...

◎ Wie in der Einleitung bereits erwähnt, ist das Problemlöseverhalten ein wichtiger Schritt in der kindlichen kognitiven Entwicklung und im Prozess des Heranwachsens.

◎ Es ist wichtig, Kindern die Möglichkeit zu geben, Herausforderungen selbstständig auf ihre eigene Art anzugehen.

◎ Dabei können „Eckpfosten" zur Orientierung abgesteckt werden, aber es soll auch immer zur Kreativität ermutigt werden, nicht zur Einheitlichkeit.

◎ So werden die Kinder z.B. gehen, hüpfen oder auf Zehenspitzen laufen, wenn sie sich rückwärts bewegen sollen.

Fertig ...

◎ Machen Sie deutlich, dass es keine richtige oder falsche Lösung gibt, bevor Sie die Aufgaben stellen.

Los!

◎ Fordern Sie die Kinder auf, sich auf die folgenden Arten zu einem anderen Platz im Raum zu bewegen:
  • Benutze nur eine Hand und einen Fuß (oder eine Hand und zwei Füße, oder zwei Hände und einen Fuß),
  • wie ein vierbeiniges Tier,
  • in einer gebogenen (spitzen, runden) Form,
  • als ob man auf Eiern geht und sie nicht kaputt machen will,
  • irgendwie, aber man darf nicht laufen oder gehen.

Getrennte Wege

Auf die Plätze ...

◎ Diese Übung eignet sich, wenn die Kinder zu unterschiedlichen Arbeitsbereichen gehen.

◎ Sie sorgt für einen fließenden Übergang und beruhigt außerdem die Kinder, die unter Trennungsangst leiden.

Fertig ...

◎ Erklären Sie den Kindern, dass dieses Lied bedeutet, dass sich nun alle zu
unterschiedlichen Arbeitsbereichen bewegen.

Los!

◎ Singen Sie das folgende Lied zur Melodie von „Alle Vögel sind schon da".
Wir trennen uns für kurze Zeit,
nur für kurze Zeit.
Wir trennen uns für kurze Zeit.
Bald sind wieder alle zusammen.
Wir trennen uns für kurze Zeit,
nur für kurze Zeit.

Zwei, drei, vier Kinder

Auf die Plätze ...

◎ Diese Übung eignet sich, wenn Sie einige Kinder aus der Gruppe entlassen möchten.

◎ Sie hilft Ihnen, bei einer großen Gruppe Chaos zu vermeiden.

◎ Das Lied ist außerdem eine Übung für das Zählen.

Fertig ...

◎ Erklären Sie, dass Sie auf bestimmte Kinder zeigen werden, wenn sie an der Reihe sind, den Kreis zu verlassen.

Los!

◎ Zeigen Sie auf die entsprechende Anzahl Kinder und singen Sie das folgende Lied zum Beginn der Melodie von „Grün, grün, grün sind alle meine Kleider".

Ein Kind, zwei Kinder, drei kleine Kinder,
vier Kinder, fünf Kinder, sechs kleine Kinder,
sieben Kinder, acht Kinder, neun kleine Kinder
verlassen, verlassen, verlassen unseren Kreis.

Wir bewegen uns wie Tiere

Auf die Plätze ...

◎ Mit Hilfe dieser Übung starten die Kinder in den Tag, indem sie sich wie Tiere bewegen.

◎ Sich wie ein Tier zu bewegen, regt die Fantasie an, gibt die Möglichkeit zum Ausprobieren von verschiedenen Bewegungsmustern und hilft dabei, Mitgefühl für die Tiere auf dieser Erde zu entwickeln.

Fertig ...

◎ Entlassen Sie jeweils ein Kind aus der Gruppe mit dem folgenden Gedicht.

◎ Erklären Sie, dass Sie jeweils auf ein Kind zeigen werden. Dieses Kind nennt ein Tier und bewegt sich dann wie dieses Tier zur Freiarbeit oder in die Spielecke.

Los!

◎ Und so geht das Gedicht:
Hallo (Paul)**,**
wie schön, du bist hier.
Nun nenne uns dein Lieblingstier. (Kind nennt ein Tier.)
(Paul sagt, dass er Hunde mag.)
Wie bewegt sich ein Hund an diesem (Dienstag)**?**

Lebensräume von Tieren

Auf die Plätze ...

◉ Diese Übung regt die Kinder dazu an, über Tiere und deren Lebensraum nachzudenken.

Fertig ...

◉ Sprechen Sie mit den Kindern über verschiedene Tiere und wo sie wohnen.

Los!

◉ Wählen Sie einen Lebensraum (z.B. Dschungel, Meer, Wald, Himmel) und fordern Sie die Kinder auf, Tiere zu nennen, die dort leben.

◉ Nun sollen die Kinder wie eines der genannten Tiere die Gruppe verlassen.

◉ Hinweis: Wiederholen Sie diese Übung oft. Wählen Sie manchmal den gleichen Lebensraum und manchmal einen neuen.

Tiergeräusche

Auf die Plätze ...

◎ Diese lustige Übung macht nicht nur viel Spaß, sie schult außerdem gezielt die Unterscheidung von Lauten. Sie eignet sich besonders gut, wenn Sie gerade ein Thema durchnehmen, das mit Tieren zu tun hat.

Fertig ...

◎ Setzen Sie sich mit den Kindern in einen Kreis.

Los!

◎ Machen Sie das Geräusch eines bekannten Tieres nach.

◎ Nun machen alle Kinder nacheinander das Geräusch so gut wie möglich nach.

◎ Wenn jedes Kind im Kreis an der Reihe war, fragen Sie, welches Tier dieses Geräusch macht.

◎ Die Kinder rufen ihre Antworten. Dann beginnt das Spiel erneut, wobei ein Kind das Geräusch vorgibt.

◎ Hinweis: Wenn die Zeit knapp ist, können Sie zwei oder drei Kinder bestimmen, die jeweils ein Tiergeräusch machen. Bestimmen Sie beim nächsten Mal, wenn die Übung durchgeführt wird, andere Kinder.

◎ Fordern Sie die Kinder auf, so wie eines der genannten Tiere den Kreis zu verlassen.

Aufräumen

Helfen Sie den Kindern dabei, dass das sonst oft so lästige **Aufräumen etwas angenehmer** wird. Machen Sie es zu einer regelmäßigen Routine, bei der die Kinder lernen, Verantwortung zu übernehmen.

Dabei ist es wichtig, **ein Signal festzulegen**, wie z.B. das An- und Ausschalten des Lichtes. Das zeigt den Kindern, jetzt ist es Zeit, sich für das Aufräumen fertig zu machen. Ein Spruch oder Gedicht kann das Signal sein, dass die Vorbereitungsphase vorüber ist und dass das eigentliche Aufräumen nun beginnt. Dieses Kapitel beinhaltet Sprüche, die Sie zu diesem Zweck nutzen können.

Die Kinder werden bald erkannt haben, dass Aufräumen Spaß machen kann. Dazu ist **Musik eine wertvolle Hilfe**. Spielen Sie doch mal ein beliebtes Lied vor und fordern Sie die Kinder auf, vor Ende des Liedes mit dem Aufräumen fertig zu sein. Hierzu eignet sich jedes schwungvolle Lied, solange es den Kindern bekannt ist, damit sie absehen können, wann es zu Ende ist. Außerdem beinhaltet dieses Kapitel zahlreiche Lieder, die die Kinder selbst singen können, während sie aufräumen.

Auch hier ist die **Wiederholung der Schlüssel zum Erfolg**. Singen Sie über einen Zeitraum von einigen Tagen die Lieder selbst, während die Kinder aufräumen. Schon bald werden sie mit Ihnen singen können, und schließlich auch alleine.

Fantasie und Vorstellungskraft können das Aufräumen noch spannender machen. Kinder stellen sich gerne Dinge vor oder „tun so als ob". In diesem Kapitel finden Sie Übungen, die den Kindern Möglichkeit dazu geben. Außerdem finden Sie Übungen, die verschiedene Bewegungserfahrungen bieten, wie z.B. sich in verschiedene Richtungen zu bewegen und Kraft zu erfahren. Auch Erfahrungen in den Bereichen Farben, Alphabet und Zahlen werden gefördert.

Sie können die Übungen auf den Seiten 38–45 als Signal zum Aufräumen nutzen. Einige sind sowohl als Signal als auch als Aufräum-Übung nutzbar. Die Übungen auf den Seiten 46–53 eignen sich zur Durchführung während des Aufräumens.

... zum Abschiedslied

Es ist Zeit zum Aufräumen

Auf die Plätze ...

◎ Dieser Spruch bedeutet, dass die Vorbereitungszeit nun abgelaufen ist und das Aufräumen beginnt.

Fertig ...

◎ Erklären Sie den Kindern, dass es Zeit ist, mit dem Aufräumen zu beginnen, sobald sie den Spruch hören.

Los!

◎ Sagen Sie den folgenden Spruch mit viel Aufforderungscharakter:

Es ist Zeit zum Aufräumen.
Es ist Zeit zum Aufräumen.
Jetzt ist Zeit zum Aufräumen!

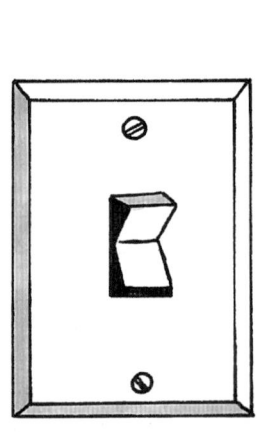

Auf die Plätze – fertig – aufräumen!

Auf die Plätze ...

◎ Die Kinder werden dieses Frage-und-Antwort-Signal mögen.

Fertig ...

◎ Üben Sie mit den Kindern dieses kurze Signal. Erklären Sie, dass es als Startzeichen zum Aufräumen dient.

Los!

◎ Nachdem Sie die Kinder mit dem rituell eingeführten Signal darauf vorbereitet haben, dass das Aufräumen bald beginnt, geben Sie mit folgendem Spruch das Startzeichen:

Wer hilft uns beim Aufräumen? – Kinder rufen: „Wir!"
Wer ist bereit zum Aufräumen? – Kinder rufen: „Wir!"
Auf die Plätze – fertig – aufräumen!

Ein flackerndes Licht

Auf die Plätze ...

◎ Mit diesem Spruch, dem flackernden Licht und dem Klatschen der Hände werden sich die Kinder auf das Aufräumen freuen.

Fertig ...

◎ Erklären Sie den Kindern, dass sie ihre Tätigkeit unterbrechen sollen, wenn sie den folgenden Spruch hören.

◎ Dann sollen die Kinder mit den Augen zwinkern und in die Hände klatschen, um sich selbst in „Aufräum-Elfen" zu verzaubern.

Los!

◎ Rufen Sie folgenden Spruch. Drücken Sie bei der ersten Zeile auf den Lichtschalter und klatschen Sie bei der zweiten in die Hände.
Ein flackerndes Licht
und ein Klatschen der Hand
heißt Aufräum-Zeit
im ganzen Elfenland!

 Noch mehr Ideen

◎ Schwingen Sie einen „Zauberstab" oder verstreuen Sie „magischen Staub", um die Kinder in „Aufräum-Elfen" zu verwandeln.

Eiszapfen

Auf die Plätze ...

◎ Kinder lieben es, sich zu bewegen und sie lieben es auch, Blödsinn zu machen.

◎ Dieser Aufruf zum Aufräumen bietet ihnen Gelegenheit zu beidem.

◎ Außerdem üben die Kinder, Körperteile zu erkennen, was ein wichtiger Schritt in der Bewegungserziehung ist.

Fertig ...

◎ Erklären Sie den Kindern, was sie tun sollen, wenn sie folgende Anweisungen hören.

Los!

◎ Als rituelles „Warnzeichen" rufen Sie laut und bestimmt **„Eiszapfen!"**.

◎ Die Kinder „frieren ein", wo sie sich gerade befinden.

◎ Nun sagen Sie **ein Körperteil** und die Kinder „tauen" dieses Körperteil „auf". (Wenn Sie z.B. „Hände" sagen, entspannen die Kinder ihre Hände.)

◎ Wenn die Kinder wieder vollständig aufgetaut sind, rufen Sie **„Schütteln!"**.

◎ Die Kinder schütteln ihre Körperteile.

◎ Zum Schluss rufen Sie **„Aufräumen zum Aufwärmen!"**.

Ein besonderer Atemzug

Auf die Plätze ...

◎ Tiefes Atmen unterstützt Entspannung und Selbstkontrolle.

◎ Es ist eine gute Möglichkeit, die Kinder zur Ruhe zu bringen und sie darauf vorzubereiten, was als Nächstes kommt.

◎ Benutzen Sie einen besonderen Atemzug entweder als Vorbereitungs-zeichen oder als Startsignal für das Aufräumen.

Fertig ...

◎ Erklären Sie den Kindern, was Sie mit einem „besonderen Atemzug" meinen und dass Sie diesen Atemzug als Zeichen für das Aufräumen benutzen werden.

Los!

◎ Rufen Sie: **„Es ist Zeit für einen besonderen Atemzug."**

◎ Die Kinder unterbrechen ihre Tätigkeiten, beugen sich nach vorne, atmen durch die Nase ein und richten sich während des Einatmens auf.

◎ Wenn sie tief eingeatmet haben, atmen sie durch den Mund wieder aus. Dabei soll der Oberkörper langsam nach vorne sinken.

◎ Führen Sie diesen Atemzug nur zweimal durch, damit die Kinder nicht hyperventilieren.

◎ Jetzt sind die Kinder bereit zum Aufräumen.

Lasst uns aufräumen

Auf die Plätze ...

◎ Dieses Lied kann als Aufforderungssignal zum Aufräumen benutzt werden oder es kann von den Kindern während des Aufräumens gesungen werden.

Fertig ...

◎ Weil das Lied kurz ist und zu einer bekannten Melodie gesungen wird, werden die Kinder es schnell lernen.

Los!

◎ Singen Sie das folgende Lied zur Melodie von „Ich geh mit meiner Laterne".

Wir räumen jetzt unsere Sachen weg.
Wir alle räumen auf.
Ordnung ist wichtig fur jeden von uns.
Kommt, wir räumen auf!

1-2-3-Aufräumen

Auf die Plätze ...

◎ Diese Übung kann als Aufforderungssignal zum Aufräumen benutzt werden.

◎ Sie gibt den Kindern die Möglichkeit, das Zählen zu üben. Außerdem wird das Rhythmusgefühl angesprochen.

Fertig ...

◎ Erklären Sie den Kindern die Übung.

Los!

◎ Rufen Sie „**1-2-3-Aufräumen**" nach den ersten Aufräumsignalen. Klatschen Sie dabei vier Mal in die Hände oder schlagen Sie auf eine Trommel.

◎ Wenn die Kinder dieses Signal hören, wissen sie, dass sie die Gegenstände zählen sollen, die sie aufheben und wegräumen.

✚ Noch mehr Ideen

◎ Spornen Sie die Kinder an, indem diejenigen, die die meisten Gegenstände aufgesammelt haben, zum „Aufräumsieger" gekrönt werden.

Countdown zum Aufräumen

Auf die Plätze ...

◉ Auch diese Übung hat mit Zahlen zu tun. Diesmal wird rückwärts gezählt.

Fertig ...

◉ Sprechen Sie mit den Kindern über das Rückwärtszählen.
◉ Fragen Sie:
  • Habt ihr schon mal einen Countdown gehört, bevor eine Rakete gestartet ist?
  • Was passiert, wenn man beim Countdown bei Null angekommen ist? Erklären Sie den Kindern dann die Übung.

Los!

◉ Zählen Sie **von 10 rückwärts bis 0** mit möglichst viel Spannung in Ihrer Stimme. Rufen Sie „**aufräumen**", wenn Sie bei Null angekommen sind.
◉ Starten Sie den Countdown erneut (allerdings viel langsamer), wenn die Kinder angefangen haben, aufzuräumen. Die Kinder sollen fertig sein, wenn Sie bei Null angekommen sind.
◉ Hinweis: Sie können den Countdown auch bei einer höheren Zahl beginnen.
◉ Beenden Sie die Übung mit den Worten:
  „**Alles ist aufgeräumt**."

... zum Abschiedslied

A-B-C-Aufräumen

Auf die Plätze ...

◉ Bei dieser Übung üben die Kinder, Buchstaben zu erkennen.

◉ Es ist hilfreich, ein Alphabet so aufzuhängen, dass alle Kinder es sehen können.

Fertig ...

◉ Erklären Sie die Regeln dieses Aufräum-Spiels. Sagen Sie den Kindern, dass Sie auf einen Buchstaben zeigen werden und dass die Kinder nur Gegenstände aufheben sollen, die mit diesem Buchstaben beginnen.

Los!

◉ Zeigen Sie auf einen Buchstaben des Alphabets.

◉ Fordern Sie die Kinder auf, nur Dinge aufzuheben, die mit diesem Buchstaben beginnen.

◉ Zeigen Sie auch auf einen Buchstaben, wenn es keine Gegenstände gibt, die mit diesem Buchstaben anfangen. Die Kinder sollen herausfinden, ob es etwas aufzuheben gibt oder nicht.

◉ Hinweis: Wenn die Kinder das Alphabet noch nicht so gut beherrschen, bleiben Sie besser bei der alphabetischen Reihenfolge der Buchstaben und sagen den Buchstaben, während Sie auf ihn zeigen. Oder fordern Sie die Kinder auf, Dinge aufzuheben, die sich auf ein bestimmtes Wort reimen, z.B. „Buch".

➕ Noch mehr Ideen

◉ Wenn die Kinder schon alle Buchstaben und Laute kennen, sollten sie beim Aufräumen der Gegenstände auch immer dazu sagen, mit welchem Buchstaben dieser Gegenstand beginnt.

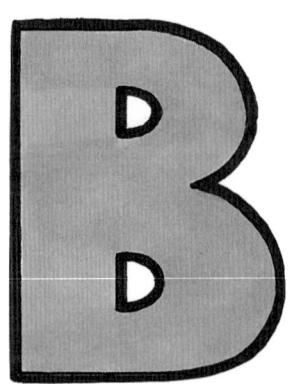

Ich sehe was, was du nicht siehst

Auf die Plätze ...

◎ Diese Übung ist dem Spiel „Ich sehe was, was du nicht siehst"
nachempfunden.

◎ Etwas erraten ist eine Form des Problemlösens und somit eine wichtige
kognitive Fähigkeit.

Fertig ...

◎ Setzen Sie sich mit den Kindern in einen Kreis.

Los!

◎ Sagen Sie nacheinander zu jedem Kind: „**Ich sehe was, was du nicht
siehst, und das fängt mit dem Buchstaben (K) an.**"

◎ Das erste Kind errät, welchen Gegenstand Sie meinen (am besten gibt es
mehrere mögliche Gegenstände), und steht dann auf, um diesen Gegenstand wegzuräumen.

◎ Hinweis: Wenn Sie der Meinung sind, dass zu viel Druck auf einem einzelnen Kind lastet, wenn es den Gegenstand erraten soll, dann lassen Sie
alle Kinder raten, aber das Kind, das an der Reihe ist, räumt den Gegenstand weg.

✚ Noch mehr Ideen

◎ Sagen Sie: „**Ich sehe was, was du nicht siehst, und das ist (grün)**"
oder „**Ich sehe was, was du nicht siehst, und das ist (rund).**"

Ich bin ein Staubsauger

Auf die Plätze ...

◎ Das Benutzen der Vorstellungskraft trägt zum Problemlöseverhalten und zum Ausdruck der eigenen Persönlichkeit bei.

◎ Lassen Sie die Kinder so auf die folgenden Bilder reagieren, wie sie es für passend halten.

Fertig ...

◎ Sprechen Sie mit den Kindern über die folgenden Gegenstände bzw. Personen und über die Bewegungen, die diese ausführen.

Los!

◎ Fordern Sie die Kinder auf, aufzuräumen, als seien sie:

- Staubsauger
- Zauberer
- Müllwagen
- riesige Kräne
- feine Damen

➕ Noch mehr Ideen

◎ Um das Thema Berufe mit in die Übung einzuschließen, sollen die Kinder nun aufräumen, als seien sie:

- Bauarbeiter
- Hausfrauen
- Heinzelmännchen

Auf dem Weg zur Ordnung

Auf die Plätze ...

◉ Orientierung im Raum ist grundlegend für die Bewegung.

◉ Beim Bewegen durch den Raum gilt es, Wege und Richtungen zu beachten.

◉ Wege können gerade, kurvig oder zick-zack-förmig sein. Man kann sich vorwärts, seitlich oder rückwärts bewegen.

Fertig ...

◉ Machen Sie die Kinder zuerst mit den oben genannten Konzepten bekannt, bevor Sie sie während des Aufräumens einsetzen.

Los!

◉ Fordern Sie die Kinder auf, sich während des Aufräumens nur so zu bewegen, wie Sie es vorgeben.

◉ Die Kinder sollen beim Aufräumen vorwärts, rückwärts oder seitwärts gehen und gerade, kurvige oder zick-zack-förmige Wege zurücklegen.

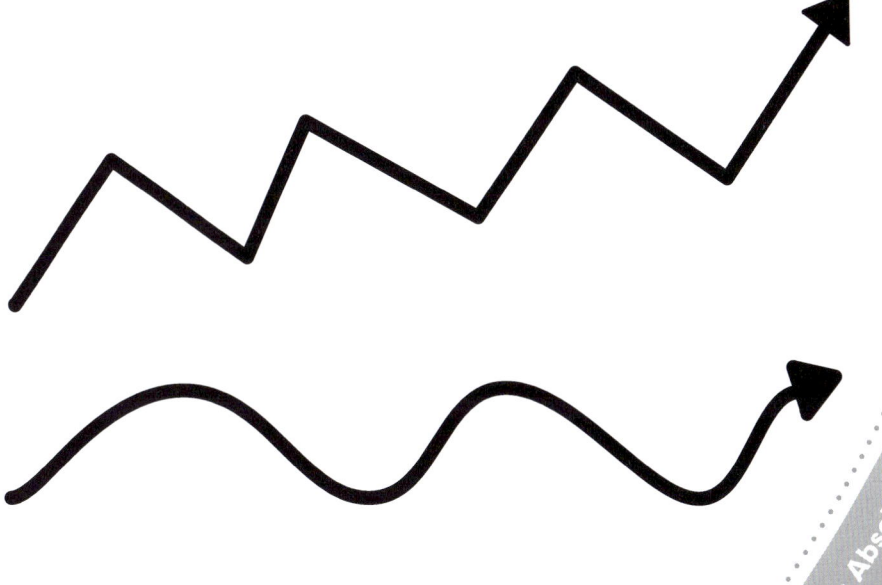

Anspannen & Entspannen

Auf die Plätze ...

◎ Die Muskelspannung bestimmt, wie leicht oder wie kräftig eine Bewegung ausgeführt wird.

◎ Kontrolle über die eigene Muskelspannung zu haben, ist wichtig für das Entspannen.

Fertig ...

◎ Sprechen Sie mit den Kindern darüber, was es bedeutet, sich leicht (oder federleicht) zu bewegen.

◎ Können die Kinder Tiere nennen, die sich leicht und leise bewegen?

◎ Die Kinder sollen die Bewegung dieser Tiere vormachen.

◎ Wie bewegt sich ein Roboter? Leicht oder angespannt?

◎ Die Kinder sollen zeigen, wie sich ein Roboter bewegt.

Los!

◎ Nun sollen die Kinder aufräumen und sich dabei so leicht und leise wie möglich bewegen. Sie können auch so tun, als seien sie eines der Tiere, die vorher genannt wurden – solange es ein Tier ist, das sich leicht und leise bewegt.

◎ Nach einer Weile (oder beim nächsten Mal) sollen die Kinder aufräumen, als ob sie Roboter seien. So wird ihnen der Unterschied bei der Muskelspannung deutlich.

Die Aufräum-Maschine

Auf die Plätze ...

◎ Aufräumen kann Spaß machen, wenn die Fantasie mit ins Spiel kommt.

◎ Viele Kinder sind fasziniert von Maschinen und davon, wie sie funktionieren.

Fertig ...

◎ Sprechen Sie mit den Kindern über Maschinen, die Aufgaben erledigen, die die Menschen früher selbst erledigen mussten (z.B. Waschmaschinen, Spülmaschinen).

◎ Fragen Sie die Kinder, ob es vielleicht irgendwann einmal Maschinen geben wird, die noch mehr Arbeiten für uns erledigen.

◎ Welche Arten von Arbeit?

◎ Wie könnten diese Maschinen aussehen?

Los!

◎ Nun sollen die Kinder sich vorstellen, sie seien Aufräum-Maschinen, die das Aufräumen erledigen.

◎ Während sie arbeiten, können sie den folgenden Spruch sagen:

Ich bin keine Biene,
auch keine Apfelsine,
ich bin die schnelle Aufräum-Maschine.

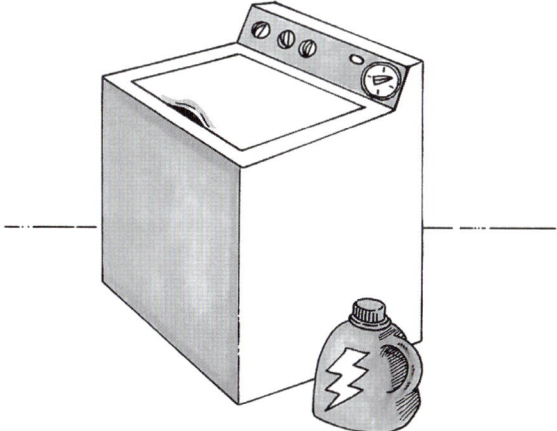

... zum Abschiedslied

Aufräumen wie der Osterhase

Auf die Plätze ...

◎ Diese Übung regt das Denken und die Fantasie an. Sie lässt sich gut mit verschiedenen Themenschwerpunkten verbinden.

Fertig ...

◎ Sprechen Sie mit den Kindern über die Jahreszeiten oder anstehende Feiertage, bevor das Aufräumen beginnt.

Los!

◎ Die Kinder sollen sich vorstellen, etwas zu sein, das mit der Jahreszeit oder dem Feiertag zu tun hat, während sie aufräumen.

◎ Sie können z.B. so tun, als seien sie der Weihnachtsmann oder ein Schneemann im Winter oder ein Hase in der Osterzeit.

Aufräumen
nach Farben

Auf die Plätze ...

◎ Diese Übung schult das Erkennen von Farben und bringt Spaß
ins Aufräumen.

Fertig ...

◎ Je nach Wissensstand der Kinder können Sie eine Farbtafel so aufhängen,
dass sie gut sichtbar ist.

Los!

◎ Nun sollen die Kinder alles aufheben, was blau (rot, grün, rosa,...) ist und
es an den richtigen Ort bringen.

◎ Welche Farben sind noch übrig?

◎ Die Kinder können folgendes Lied auf die Melodie von „Alle meine Entchen"
singen, während sie arbeiten:

Ich räume (blaue) Dinge weg,
schau genau.
Ich kenne alle Farben,
denn ich bin schlau.

➕ Noch mehr Ideen

◎ Spielen Sie dieses Spiel mit Formen. Fordern Sie die Kinder z.B. auf,
runde, dreieckige, viereckige Gegenstände wegzuräumen.
Welche Formen sind übrig?

Ess- und Trinkpausen

Ernährung ist auch im Kindergarten und in der Grundschule ein wichtiges Thema. **Die gemeinsame Frühstückspause oder teilweise auch das gemeinsame Mittagessen und eventuell ein Snack am Nachmittag gehören zum Alltag**. Gemeinsame Mahlzeiten sollten möglichst bewusst eingenommen werden und brauchen daher ihren Platz im Tagesablauf. Damit Sie die Übergänge zu den Essenszeiten fließend und sinnvoll gestalten können, bieten wir Ihnen hier jede Menge Vorschläge.

Die Übungen in diesem Kapitel bieten den Kindern Möglichkeiten, Nahrung mit allen Sinnen zu erfahren, die Arbeit zu würdigen, die in der Zubereitung von Speisen steckt, und die erstaunliche Vielfalt von Nahrungsmitteln zu erkennen.

Sie finden in diesem Kapitel Übungen, die Sie mit den Kindern durchführen können, **bevor die Frühstückspause oder das Mittagessen anstehen,** auf den Seiten 56–66. Junge Kinder warten nicht gerne, besonders, wenn sie hungrig sind. Diese Übungen helfen ihnen, nicht ganz so ungeduldig auf das Essen zu warten.
Andere Übungen können Sie durchführen, **während Sie auf dem Weg zum Mittagessen** sind. Diese Übungen finden Sie auf den Seiten 67–68. Sie werden Ihnen helfen, die Kinder aus dem Gruppenraum zu ihren Tischen und dem dort wartenden Mittagessen zu bringen.
Außerdem finden Sie auf den Seiten 69–74 Übungen, die Sie durchführen können, wenn die Kinder **mit dem Essen fast fertig** sind. Diese Übungen können Sie nutzen, wenn einige Kinder schon fertig sind und darauf warten, dass auch die anderen das Essen beenden.

Genau wie die anderen Übungen in diesem Buch, geben die Übungen den Kindern Möglichkeiten zum Singen, Problemlösen, Benutzen ihrer Fantasie, zum mündlichen Ausdruck und zu vielfältigen Bewegungserfahrungen.
Der Übergang zum Frühstück, Mittagessen oder Nachmittagssnack wird genauso viel Spaß machen wie das Essen selbst.

... zum Abschiedslied

Hast du Hunger?

Auf die Plätze ...

◉ Dieses Bewegungsspiel wird den Kindern Appetit machen.

◉ Da dieses Lied auf eine bekannte Melodie gesungen wird, können die Kinder schon bald einstimmen.

Fertig ...

◉ Setzen Sie sich mit den Kindern in einen Kreis.

Los!

◉ Singen Sie das folgende Lied auf die Melodie von „If you're happy and you know it". Die dazugehörenden Aktionen finden Sie am Ende der Zeilen.

Hast du Hunger, lecke einmal deine Lippen! (Lippen lecken)
Hast du Hunger, lecke einmal deine Lippen! (Lippen lecken)
Hast du Hunger, schrumpft dein Bauch, (Bauch einziehen)
und dein Magen grummelt auch.
Hast du Hunger, lecke einmal deine Lippen! (Lippen lecken)

Hast du Hunger, reibe einmal deinen Bauch! (Bauch reiben)
Hast du Hunger, reibe einmal deinen Bauch! (Bauch reiben)
Ist dein Hunger riesengroß,
dann steh auf, gleich geht es los. (aufstehen)
Hast du Hunger, reibe einmal deinen Bauch! (Bauch reiben)

Mein Magen knurrt

Auf die Plätze ...

◎ Auch diese Übung ist ein Fingerspiel, welches Sie unmittelbar vor dem Essen durchführen können.

◎ Die meisten Kinder finden die Vorstellung, dass ihr Magen laut grummelt, sehr lustig.

Fertig ...

◎ Setzen Sie sich mit den Kindern in einen Kreis und fragen Sie, ob schon mal jemand seinen Magen laut knurren gehört hat.

Los!

◎ Singen Sie das folgende Lied auf die Melodie von „Hoppe, hoppe, Reiter".

Es knurrt ganz laut mein Magen, (Bauch reiben)

er will mir damit sagen: (Hand ans Ohr legen)

„Du darfst mich nicht vergessen, (an die Schläfe tippen)

es ist jetzt Zeit zum Essen."

(auf das Handgelenk zeigen, wo eine Armbanduhr wäre)

Mein Magen ist bestimmt ganz leer, (auf Magen schauen)

ganz schnell muss jetzt mein Essen her. (so tun, als ob man isst)

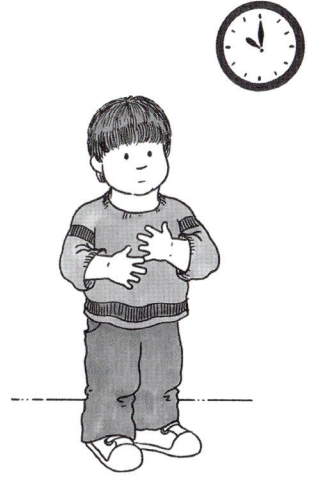

Hey, hey, es ist Essenszeit

Auf die Plätze ...

◎ Das folgende Lied ist kurz und lustig. Die Kinder können es gemeinsam singen, bevor sie zum Essen gehen.

◎ Sie können dieses Lied auch als Signal benutzen, das den Kindern ankündigt, dass es bald Zeit zum Essen ist und dass sie ihre Tätigkeiten beenden sollen.

Fertig ...

◎ Singen Sie das Lied mit Begeisterung!

Los!

◎ Singen Sie das folgende Lied auf die Melodie von „Alle meine Entchen".

Es ist Zeit zum Essen! (oder: fürs Frühstück)
Alle freuen sich!
Alle freuen sich!
Wir wollen nicht mehr warten,
gedeckt ist schon der Tisch.

Aus einem Apfel wird ...

Auf die Plätze ...

◎ Wahrscheinlich ist den Kindern nicht bewusst, woher bzw. aus welcher Frucht oder welchem Gemüse bestimmte Lebensmittel kommen.

◎ Diese Übung hilft den Kindern, das „Vorher" und „Nachher" einer Lebensmittelverarbeitung zu betrachten.

Fertig ...

◎ Sprechen Sie mit den Kindern, während sie auf das Essen warten oder das Essen zubereiten, über folgende Liste. Wie sieht jedes dieser Nahrungsmittel aus und wie wird das Eine zu dem Anderen?

Los!

◎ Besprechen Sie mit den Kindern, wie die folgenden Nahrungsmittel aussehen oder wie man sie herstellt. Was ist passiert?
  • ein Apfel, der am Baum hängt/Apfelkompott,
  • ein Ei/Rührei,
  • eine Möhre/Möhrensaft,
  • Kuchenteig/ein fertiger Kuchen,
  • ein Stück Brot, das in den Toaster geschoben wird/ein Stück Brot, das aus dem Toaster herauskommt.

... zum Abschiedslied

Wackel-Spagetti

Auf die Plätze ...

◎ Auch diese Übung hilft den Kindern, das „Vorher" und „Nachher" von Lebensmitteln zu betrachten.

◎ Außerdem dient sie als Entspannungsübung (Muskel-An- und Entspannung), während die Kinder auf ihr Essen warten.

Fertig ...

◎ Sprechen Sie mit den Kindern über den Unterschied zwischen rohen und gekochten Spagetti. Lassen Sie die Kinder ihre eigenen Ideen und Vorstellungen nennen.

◎ Sie können den Kindern mit kleinen Hilfen wie „Was ist gerader?" oder „Was ist härter?" kleine Anstöße geben.

Los!

◎ Nun sollen die Kinder mit ihren Körpern sowohl rohe als auch gekochte Spagetti nachmachen.

◎ Wechseln Sie zwischen beidem ab und beenden Sie, wenn möglich, die Übung mit leckeren gekochten Spagetti. Das lässt die Muskeln der Kinder entspannen.

Mein Lieblingsessen

Auf die Plätze ...

◎ Diese Übung ermutigt die Kinder, Sprache zu benutzen und über sie nachzudenken.

Fertig ...

◎ Erklären Sie der Gruppe, dass ein Kind sein Lieblingsessen nennen und erklären soll, warum das sein Lieblingsessen ist.

◎ Dann nimmt jedes Kind die Form des genannten Lieblingsessens an.

Los!

◎ Ein Kind nennt sein Lieblingsessen, erklärt, warum das sein Lieblingsessen ist, und die ganze Klasse nimmt die Form des genannten Essens an. Diese Übung wird so lange durchgeführt, bis jedes Kind einmal an der Reihe war.

🕂 Noch mehr Ideen

◎ Die Kinder nennen nicht ihr Lieblingsessen, sondern Nahrung oder Getränke, die mit der jeweiligen Jahreszeit zu tun haben.

◎ Im Herbst können sie z.B. Apfel oder Kürbis nennen oder heiße Schokolade im Winter.

...zum Abschiedslied

Buchstaben-Suppe

Auf die Plätze ...

◎ Diese Übung eignet sich gut dazu, das Alphabet zu lernen.

◎ Den Kindern werden unter Nutzung ihrer Sinne die gebogenen und geraden Linien der Buchstaben bewusst.

Fertig ...

◎ Hängen Sie ein Alphabet so auf, dass alle Kinder es gut sehen können.

Los!

◎ Zeigen Sie auf einen Buchstaben. Die Kinder sollen nun möglichst viele Nahrungsmittel nennen, die mit diesem Buchstaben beginnen.

◎ Wenn ihnen keine Nahrungsmittel mehr einfallen, sollen sie die Form des Buchstabens mit ihrem Körper nachbilden.

◎ Zeigen Sie nun auf einen anderen Buchstaben.

◎ Hinweis: Damit die Kinder die Buchstaben gut nachbilden können, ist es sinnvoll, mit Buchstaben zu beginnen, die wenige Linien haben, wie z.B. das D, das L, das I oder das O.

Mixer und Co.

Auf die Plätze ...

◎ Eine Vielzahl von Haushaltsmaschinen helfen bei der Zubereitung oder
Verarbeitung von Nahrungsmitteln und Getränken.

◎ Die Kinder werden Freude daran haben, so zu tun, als seien sie diese
Maschinen.

Fertig ...

◎ Sprechen Sie mit den Kindern über die Gegenstände auf der folgenden
Liste. Fragen Sie die Kinder:

- Habt ihr diese Maschine schon einmal gesehen?
- Wie sieht sie aus?
- Wie funktioniert sie?

Los!

◎ Nun sollen die Kinder vormachen, wie sie aussähen, wenn sie eine dieser
Maschinen oder in einer dieser Maschinen wären.

- Dosenöffner (elektrisch oder manuell)
- Kaffeemaschine
- Spülmaschine
- Mixer
- Wasserkocher
- Brotbackautomat

... zum Abschiedslied

Nahrungsmittel
in vielen Formen

Auf die Plätze ...

◎ Diese Übung erfordert viel Vorstellungskraft und erlaubt zahlreiche
Interpretationsmöglichkeiten.

◎ Vielfältiges Problemlöseverhalten ist wichtig sowohl für kreatives als auch
kritisches Denken.

Fertig ...

◎ Sprechen Sie mit den Kindern über die folgenden Formen, die Nahrungsmittel haben können.

Los!

◎ Nun sollen die Kinder folgende Formen demonstrieren:

- gefroren
- überkocht, matschig
- klumpig
- geschmolzen
- zähflüssig
- klebrig
- blubbernd

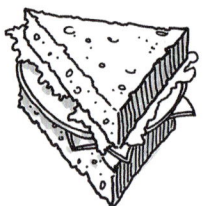

➕ Noch mehr Ideen:

◎ Wenn den Kindern der Übungsverlauf bekannt ist, können sie diese Formen
„annehmen", während sie zum Essen gehen.

Welches Nahrungsmittel bin ich?

Auf die Plätze ...

- Führen Sie diese Übung mit den Kindern durch, während sie auf das Essen warten.
- Kognitive Fähigkeiten werden angesprochen, während die Kinder versuchen, etwas zu erraten. Da die Übung kooperative Elemente beinhaltet, fördert sie zusätzlich das Sozialverhalten.

Fertig ...

- Setzen Sie sich mit den Kindern in einen Kreis und erklären Sie, dass ein Kind eine Form oder eine Aktion vormacht, die mit einem Nahrungsmittel zu tun hat.
- Die anderen Kinder sollen erraten, um welches Nahrungsmittel es sich handelt.

Los!

- Ein Kind geht in die Kreismitte und macht die Form eines Nahrungsmittels vor (z.B. die gekrümmte Form einer Banane) oder zeigt eine Aktion (z.B. vom Baum fallen – Apfel), die mit diesem Lebensmittel zu tun hat.
- Die anderen Kinder versuchen zu erraten, um welches Nahrungsmittel es sich handelt.
- Wenn sie das Nahrungsmittel erraten haben, soll jedes Kind die Form annehmen oder die Aktion nachmachen.
- Nun kommt das nächste Kind in den Kreis.

... zum Abschiedslied

Berufe rund um Nahrungsmittel

Auf die Plätze ...

◎ Diese Übung zeigt den Kindern, dass viele Berufe mit Nahrungsmitteln zu tun haben.

Fertig ...

◎ Sprechen Sie über die Aufgaben der aufgelisteten Personen.

◎ Fragen Sie die Kinder:
   • Was tun diese Personen in ihrem Beruf?
   • Was haben diese Berufe mit Lebensmitteln zu tun?

Los!

◎ Die Kinder sollen Handlungen vorführen, die diese Personen in ihrem Beruf durchführen.
   • Koch
   • Bäcker
   • Fernfahrer
   • Verkäufer im Lebensmittelgeschäft
   • Kellner
   • Landwirt

Wir haben Hunger!

Auf die Plätze ...

◎ Dieses Lied wird auf eine bekannte Melodie gesungen.

Fertig ...

◎ Bringen Sie den Kindern dieses Lied bei, damit sie ihre Ankunft am Esstisch ankündigen können.

Los!

◎ Singen Sie das folgende Lied auf die Melodie von „Grün, grün, grün sind alle meine Kleider".

Hier kommen wir, es ist Zeit für uns zu essen!
Hier kommen wir, ganz leer ist unser Bauch!
Wir haben Hunger!
Wir haben Hunger!
Wir haben Hunger und Durst haben wir auch!!!

Nahrungsmittel-Transporter

Auf die Plätze ...

◎ Nutzen Sie diese Übung dazu, die Kinder von ihren Plätzen zu den Tischen zu bewegen, wo das Essen schon auf sie wartet. Außerdem spricht die Übung den Transport von Nahrungsmitteln an, was thematisch dem Sachunterricht zuzuordnen ist.

Fertig ...

◎ Sprechen Sie mit den Kindern darüber, dass nicht alle Nahrungsmittel überall wachsen oder verfügbar sind.

◎ Bananen und Orangen z.B. wachsen in tropischen Gebieten. Wenn Menschen bei uns diese Nahrungsmittel essen möchten, müssen diese von dort zu uns transportiert werden.

◎ Sprechen Sie über die verschiedenen Transportmöglichkeiten (siehe unten) für Nahrungsmittel.

Los!

◎ Fordern Sie die Kinder auf, sich wie folgende Transportmöglichkeiten zu bewegen:

- ein Lastwagen
- ein Flugzeug
- ein Schiff
- ein Zug
- ein Auto
- ein Fahrrad
- ein Einkaufswagen

Lecker, lecker, das Essen war gut

Auf die Plätze ...

◎ Diese Übung ist besonders lustig, wenn die Kinder auf dem Weg zum Essen „Es ist Zeit zum Essen!" (S. 58) gesungen haben.

◎ Sie fordert außerdem zur Dankbarkeit für das Essen auf.

Fertig ...

◎ Sprechen Sie mit den Kindern über Dankbarkeit.

Los!

◎ Singen Sie das folgende Lied auf die Melodie von „Alle meine Entchen".

Lecker, lecker, das war gut.
Die Teller sind ganz leer.
Die Teller sind ganz leer.
Lecker, lecker, das war gut.
Danke für das Essen.

Das war lecker

Auf die Plätze ...

◎ Mit diesem fröhlichen Spruch zeigen die Kinder, dass sie das Essen wertschätzen. Außerdem lenkt er die Aufmerksamkeit auf drei Körperteile.

Fertig ...

◎ Erklären Sie den Kindern, dass sie auf das Körperteil zeigen sollen, wenn sie dessen Namen hören.

Los!

◎ Sagen Sie gemeinsam mit den Kindern den folgenden Spruch:

Mein Essen hat sehr gut geschmeckt.
An die Köche einen Gruß!
Mein Magen ist jetzt ganz schön voll,
ich fühl mich wohl von Kopf bis Fuß.

Was ich am liebsten mag

Auf die Plätze ...

◎ Diese Übung ermutigt Kinder dazu, Sprache zu benutzen und über sie nachzudenken. Außerdem können die Kinder so lernen, dem Essen einen besonderen Wert beizumessen.

Fertig ...

◎ Erklären Sie den Kindern, dass Sie sie am Ende des Essens fragen werden, was ihnen am besten geschmeckt hat.

Los!

◎ Fragen Sie jedes Kind, was ihm am besten geschmeckt hat, wenn es mit dem Essen fertig ist.

✚ Noch mehr Ideen

◎ Die Kinder sollen beschreiben, wie das Essen geschmeckt hat.

... zum Abschiedslied

Wie war das Essen?

Auf die Plätze ...

◎ Diese Ergänzungsübung gibt den Kindern eine weitere Möglichkeit, sich über das Essen zu äußern und so die passenden Begriffe zu verwenden.

Fertig ...

◎ Erklären Sie, wie die Übung durchgeführt wird, und versichern Sie den Kindern, dass sie ihre eigenen Beschreibungen benutzen können, auch wenn Lebensmittel mehrmals wiederholt werden.

Los!

◎ Wenn jedes Kind mit dem Essen fertig ist, sucht es sich ein Nahrungsmittel aus, das es gegessen hat, und ein Adjektiv, das dieses Nahrungsmittel beschreibt. Mit diesen beiden Wörtern ergänzt es den folgenden Lückensatz:

„Ich habe ein/eine ... gegessen und er/sie/es war/waren ...

◎ Der Satz könnte z.B. lauten: „Ich habe ein Stück Salami-Pizza gegessen und es war würzig."

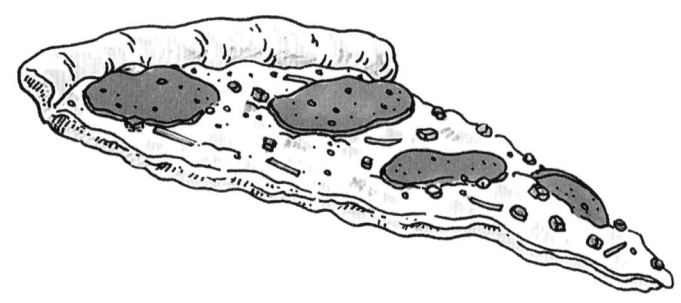

Stehe auf/Setze dich hin (2)

Auf die Plätze ...

◎ Spielen Sie dieses Spiel mit den Kindern, die schon fertig mit dem Essen sind.

◎ Dieses Spiel wurde im Kapitel „Ankunft" eingeführt und so abgeändert, dass es während der Frühstückspause oder des Mittagessens gespielt werden kann.

Fertig ...

◎ Erklären Sie den Kindern, dass Sie verschiedene Aussagen machen werden. Die Kinder sollen gut zuhören und – je nachdem, ob die Aussage auf sie zutrifft oder nicht – aufstehen oder sich hinsetzen.

Los!

◎ Fordern Sie die Kinder auf, aufzustehen oder sich hinzusetzen, wenn (sie):
- ihren Teller leer gegessen haben.
- eines der Nahrungsmittel schon einmal gegessen haben.
- heute etwas Neues gegessen haben.
- etwas Grünes (Rotes, Gelbes ...) gegessen haben.
- etwas Knackiges gegessen haben.
- etwas Salziges (Süßes, Saures ...).
- etwas Heißes (Kaltes, Warmes ...).
- ihnen das Essen gut geschmeckt hat.

... zum Abschiedslied

Nahrung hat viele Farben

Auf die Plätze ...

◎ Nahrung, Farbe und Form sind oft eng miteinander verwandt.

◎ Diese Übung fordert die Kinder auf, sich mit allen dreien zu befassen.

Fertig ...

◎ Ermuntern Sie die Kinder, möglichst viele Nahrungsmittel zu nennen, die rot, orange, gelb, grün oder lila sind.

Los!

◎ Nennen Sie nun eine der vorher erwähnten Farben und fordern Sie die Kinder auf, die Form eines Nahrungsmittels darzustellen, das diese Farbe hat.

◎ Die anderen Kinder erraten, welche Nahrungsmittel ihre Mitschüler darstellen.

◎ Führen Sie die Übung auch mit anderen Farben durch, wenn die Zeit es erlaubt.

Außerhalb des Klassen-zimmers/Gruppenraums

Dieses Kapitel beschäftigt sich mit Übergängen, die mit dem **Verlassen des Klassen- bzw. Gruppenraums** zu tun haben. Dazu gehört z.B. der Gang in die Pause, zu einem anderen Raum im Gebäude oder zu einem Ausflug. Die Übungen in diesem Kapitel bereiten die Kinder darauf vor, den Raum zu verlassen, durch den Flur und hinaus zu gehen. Hier finden Sie außerdem Vorschläge, wie Sie diese „Wanderungen" **besonders leise** gestalten können. Das ist besonders dann erforderlich, wenn die Kinder an anderen Räumen vorbeigehen.

Ihre eigenen Ideen sind auch gefragt, wenn Sie mit Ihrer Klasse einen Ausflug machen oder von einem Ausflug zurückkommen. Sie können den damit verbundenen Übergängen mehr Relevanz verleihen, wenn sie thematisch mit dem Ausflug zu tun haben. Wenn Sie z.B. eine Feuerwehrwache besucht haben, könnten Sie die Kinder anregen, sich so aufzustellen und zu bewegen wie ein Wasserschlauch. Schaffen es alle Kinder der Klasse, einen Schlauch zu bilden, der nicht abreißt?

Manchmal ist es beim Verlassen des Raumes erforderlich, dass die Kinder sich **in einer Reihe aufstellen**. Achten Sie in diesem Fall bitte darauf, dass jedes Mal andere Kinder vorne stehen dürfen. Sie können die Kinder dazu an einem Tag in alphabetischer Reihenfolge nach ihren Vornamen ordnen und an einem anderen Tag nach den Nachnamen. An einem Tag dürfen sich alle Kinder, die etwas Grünes anhaben, zuerst aufstellen. An einem anderen Tag ordnen Sie die Kinder nach Geburtsmonat und so weiter. So garantieren Sie Fairness und regen gleichzeitig das Denken an.

Die Übungen auf den Seiten 76–83 machen die Kinder darauf aufmerksam, dass sie bald den Raum verlassen und es Zeit ist, zur Tür zu gehen. Übungen, um vom Raum zu einem anderen Ort zu gehen, finden Sie auf den Seiten 84–89.

...zum Abschiedslied

1-2-3-Reim

Auf die Plätze ...

◎ Nutzen Sie diese Übung als Aufforderungszeichen, dass nun etwas Anderes ansteht und dass die Kinder sich ordentlich an der Tür aufstellen sollen.

Fertig ...

◎ Sprechen Sie mit den Kindern über eine gute und gesunde Haltung.
◎ Erklären Sie, was die Kinder tun sollen, wenn sie den folgenden Spruch hören.

Los!

◎ Dimmen Sie das Licht oder benutzen Sie ein besonderes Signal, das den Kindern zeigt, jetzt steht ein Übergang an.
◎ Rufen Sie dann folgenden Reim:

1-2-3
Es ist Zeit für uns zu gehen.
Kann jeder mit geradem Rücken stehen?
1-2-3
Sind schon alle Kinder hier?
Eine gerade Linie brauchen wir.

Leise wie ein Schmetterling

Auf die Plätze ...

◎ Mit Hilfe von Verwandlungen in bestimmte Tiere o.Ä. werden die Kinder angeregt, leise zur Tür zu gehen.

Fertig ...

◎ Sprechen Sie mit den Kindern über die Tiere o.Ä. (siehe Los!), bevor Sie sie benutzen.

Los!

◎ Wählen Sie eines der folgenden Tiere o.Ä. oder denken Sie sich selbst eins aus.

◎ Fordern Sie die Kinder auf, sich zur Tür zu bewegen, als ob sie
  • ein flatternder Schmetterling,
  • ein gleitender Adler,
  • eine Katze, die sich an einen Vogel heranschleicht,
  • ein schwereloser Astronaut wären.

✚ Noch mehr Ideen

◎ Wenn Sie mit den Kindern gerade das Meer durchnehmen, fordern Sie sie auf, sich wie eines der folgenden Meerestiere zu bewegen:
  • eine Qualle
  • ein Aal
  • ein Seestern
  • der kleinste Fisch im Meer

... zum Abschiedslied

Bäuche und Rücken

Auf die Plätze ...

◎ Diese Übung ist eine Problemlöseaufgabe, die die Kinder in eine Reihe bringen soll.

Fertig ...

◎ Vielleicht funktioniert diese Übung nicht auf Anhieb, aber wie so oft führt die ständige Wiederholung schließlich zum Erfolg.

Los!

◎ Fordern Sie die Kinder auf, sich so aufzustellen, dass jeder Bauch (außer einem) auf einen Rücken zeigt.

Vom Kleinsten zum Größten

Auf die Plätze ...

◎ Führen Sie diese Problemlöseaufgabe durch, wenn Sie viel Zeit haben und Ihnen ein bisschen Lärm und Durcheinander nichts ausmachen.

◎ Sie ist eine hervorragende Übung der mathematischen Konzepte Menge und Länge und deshalb wert, das „Chaos" auf sich zu nehmen.

Fertig ...

◎ Zeigen Sie anhand von Gegenständen, wie man Dinge vom Kleinsten bis zum Größten ordnen kann.

Los!

◎ Fordern Sie die Kinder auf, sich in einer Reihe an der Tür aufzustellen – geordnet vom kleinsten bis zum größten Kind. Führen Sie an einem anderen Tag die Übung andersherum durch: vom größten bis zum kleinsten Kind.

Formen bilden

Auf die Plätze ...

◎ Formen gehören sowohl in den Kunst- als auch in den Mathematik-unterricht. Hier wird die Form als Bewegungselement eingesetzt. Es sollte möglichst früh damit begonnen werden, Kindern ein Formverständnis nahezubringen.

Fertig ...

◎ Zeigen Sie den Kindern Gegenstände verschiedener Formen im Raum.
◎ Falls notwendig, geben Sie den Kindern Zeit, sich mit den Gegenständen zu befassen, bevor Sie sie in den Übergang miteinbeziehen.

Los!

◎ Fordern Sie die Kinder auf, eine Reihe zu bilden und gemeinsam folgende Formen darzustellen:
- rund
- spitz
- gekrümmt
- viereckig

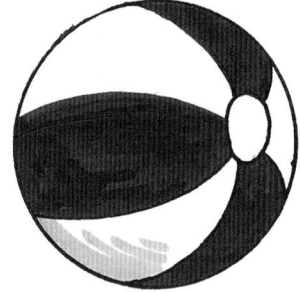

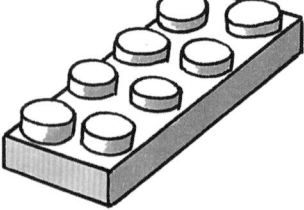

Wir machen einen Ausflug

Auf die Plätze ...

◉ Wenn Sie die Kinder auf einen Ausflug vorbereiten wollen, dann sorgt dieses Bewegungsspiel für die richtige Stimmung.

◉ Es beinhaltet eine Aktion, bei der die Kinder die Körperachse kreuzen sollen. Das fördert die „Zusammenarbeit" von rechter und linker Gehirnhälfte.

Fertig ...

◉ Setzen Sie sich mit den Kindern in einen Kreis und sprechen Sie mit ihnen über den anstehenden Ausflug. Bringen Sie ihnen dann das folgende Bewegungsspiel bei.

◉ Sprechen Sie mit den Kindern darüber, was sie in der Schule und außerhalb der Schule lernen können.

Los!

◉ Die Bewegungen für dieses Spiel finden Sie hinter jeder Zeile.

Wir machen einen Ausflug.
(Gehbewegung mit Zeige- und Mittelfinger)

Wir wollen ganz viel seh'n.
(Hand über die Augen)

Wir können so viel lernen,
(zweimal an die Schläfe tippen)

wenn wir nach draußen geh'n.
(Arme weit ausbreiten, dann über Kreuz vor der Brust verschränken)

✚ Noch mehr Ideen:

◉ Lassen Sie die Kinder diesen Spruch sagen (mit oder ohne Handbewegungen), wenn die Klasse den Klassenraum verlässt oder im Bus fährt.

Nimm meine Hand

Auf die Plätze ...

◎ Dieser einfache Spruch eignet sich gut, wenn die Kinder sich an verschiedenen Orten im Raum aufgehalten haben und Sie nun alle sammeln wollen, um den Raum zu verlassen.

Fertig ...

◎ Gehen Sie von Gruppe zu Gruppe, laden Sie die Kinder ein, mit in den Spruch einzustimmen.

Los!

◎ Nachdem Sie mit diesem Spruch alle Kinder aufgesammelt und „Abenteuerstimmung" verbreitet haben, führen Sie sie an die Tür.
Nimm meine Hand!
Komm, nimm meine Hand!
Wir machen eine Reise in ein fremdes Land.

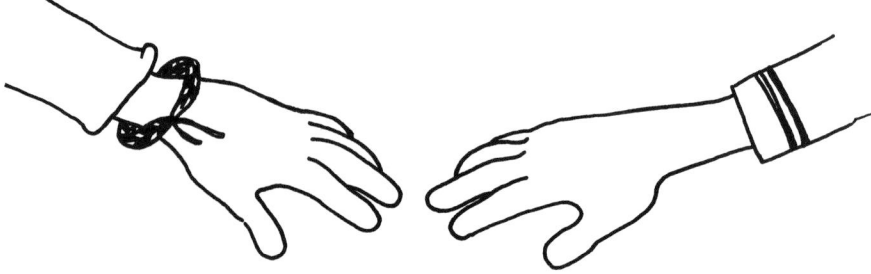

Tuuut-tuuut

Auf die Plätze ...

◉ Diese Übung eignet sich sowohl dazu, die Kinder auf einen Ausflug vorzubereiten, als auch für unterwegs.

◉ Viele Kinder sind von Zügen fasziniert. In dieser Übung können sie sich vorstellen, ein Zug zu sein.

Fertig ...

◉ Erklären Sie vor Beginn, dass Sie immer ein Kind wählen werden, das sich dem Zug anschließen soll.

Los!

◉ Sie sind die Lokomotive und bewegen sich mit „Tuuut-tuuut"-Lauten durch den Raum. Sammeln Sie nach und nach „Wagons" (Kinder) ein, bis sich ein langer Zug gebildet hat.

◉ Dann fährt der Zug aus der Tür.

➕ Noch mehr Ideen

◉ Anstatt eines Zuges können Sie auch zu einer langen Schlange werden. Ändern Sie dazu einfach das „Tuuut-tuuut" in einen zischenden Laut.

Kannst du das auch?

Auf die Plätze ...

◎ Dieses Spiel eignet sich besonders gut, um den Raum zu verlassen.

Fertig ...

◎ Wenn die Kinder die Regeln noch nicht kennen, erklären Sie ihnen, dass sie nachmachen sollen, was eine andere Person (der Spielführer) vormacht. Es bietet sich an, dass Sie selbst beim ersten Durchlauf des Spiels der Spielführer sind.

Los!

◎ Seien Sie der Spielführer, wenn Sie dieses Spiel zum ersten Mal durchführen.

◎ Bewegen Sie sich auf eine der unten beschriebenen Art. Die Kinder machen nun diese Bewegung nach. Denken Sie an die Bewegungselemente Raum, Form, Zeit, Kraft, Fluss und Rhythmus, um die Bewegungen besonders abwechslungsreich zu gestalten.

◎ Sie können sich z.B. auf folgende Art bewegen:

• seitwärts (Raum)
• in einer geraden, kurvigen oder in einer Zickzack-Linie (Raum)
• in einer runden (spitzen, eckigen) Form (Raum, Form)
• langsam oder schnell (Zeit)
• leicht oder kraftvoll (Kraft)
• mit Pausen (Fluss)
• marschieren oder galoppieren (Rhythmus)

✚ Noch mehr Ideen

◎ Wenn Sie gerade ein Transport- oder Tier-Thema durchnehmen, können Sie es gut in diese Übung mit aufnehmen. Tun Sie so, als seien Sie ein Flugzeug, eine schleichende Katze, ein stampfender Elefant oder ein Ruderer in einem Boot.

Vorwärts, rückwärts, seitwärts

Auf die Plätze ...

◎ Wenn Sie Problemlöseaufgaben als Teil eines Übergangs stellen, dann schulen Sie gleichzeitig diese wichtige Fähigkeit. Vielfältiges Problemlöseverhalten ist sowohl für das kritische als auch für das kreative Denken notwendig.

◎ Zusätzlich zur Schulung des Problemlöseverhaltens bekommen die Kinder bei dieser Aufgabe die Möglichkeit, ihre Vorstellungskraft zu benutzen und sich selbst auszudrücken.

Fertig ...

◎ Erklären Sie den Kindern, dass sie sich auf ungewöhnliche, lustige Weise vom Klassenraum zum Zielort bewegen sollen.

◎ Versichern Sie den Kindern, dass es keine falsche Bewegungsart gibt.

Los!

◎ Fordern Sie die Kinder auf, sich auf eine der folgenden Arten zu bewegen:
  • Bewege dich vorwärts, aber benutze nur einen Fuß.
  • Bewege dich in der schiefsten (rundesten, spitzesten) Form.
  • Bewege dich seitlich. Du darfst aber nicht gehen oder laufen.
  • Finde eine Bewegungsart, die eine Präposition enthält (z.B. über, unter, um ... herum, zwischen, durch).
  • Bewege dich auf einer niedrigen (hohen) Ebene im Raum.

✚ Noch mehr Ideen

◎ Fordern Sie die Kinder auf, sich wie etwas zu bewegen, das gelb (rot, grün, blau ...) ist. Oder, noch schwerer, fordern Sie die Kinder auf, sich wie die Farbe Gelb zu bewegen.

... zum Abschiedslied

Stelle dir vor...

Auf die Plätze ...

◎ Auch diese Übung erfordert Problemlösevermögen; ihr Schwerpunkt liegt jedoch auf der Nutzung der Vorstellungskraft.

Fertig ...

◎ Sprechen Sie mit den Kindern über folgende Vorstellungen (siehe Los!), sodass sie ihnen nicht fremd sind.

Los!

◎ Fordern Sie die Kinder auf, sich zu bewegen:
  • wie fließendes Wasser,
  • wie eine Person/Tiere, die sie am liebsten wären,
  • als ob sie durch Schokoladenpudding gingen (tiefer Schnee, hüfthohes Wasser),
  • als ob sie auf heißem Sand gingen.

⊕ Noch mehr Ideen

◎ Wenn die Kinder besonders leise sein sollen, z.B. wenn sie an anderen Klassenräumen vorbeigehen, fordern Sie sie auf, sich zu bewegen wie:
  • Schildkröten
  • schwerelose Astronauten
  • Schmetterlinge
  • Adler
  • Federn
  • Katzen, die sich an ihre Beute heranschleichen
  • Wolken, die am Himmel schweben
  • ein Pantomime

Wir gehen in die Bücherei

Auf die Plätze ...

◎ Wenn Sie den Klassenraum verlassen, um die Bibliothek zu besuchen, fordern Sie die Kinder auf, sich so zu bewegen wie eines der folgenden Dinge o.Ä.

Fertig ...

◎ Sprechen Sie mit den Kindern über die Vorschläge (siehe Los!), bevor sie sie ausführen.

Los!

◎ Fordern Sie die Kinder auf, sich folgendermaßen zu bewegen:
  • in der Form eines Buches,
  • wie ein leiser Bibliothekar,
  • wie ein „Bücherwurm".

... zum Abschiedslied

Seiltänzer

Auf die Plätze ...

◎ Fast alle Kinder, auch die, die noch nie dort waren, sind vom Zirkus fasziniert.

◎ Nutzen Sie diese Faszination, um das Gleichgewichtsgefühl, das Konzept des persönlichen Raumes und die Vorstellungskraft zu schulen – und einen Übergang zu schaffen, der Spaß macht.

Fertig ...

◎ Sprechen Sie mit den Kindern über Dinge, die es im Zirkus gibt, und kommen Sie dann auf den Seiltänzer zu sprechen.

◎ Fragen Sie die Kinder, wie der Seiltänzer über das Seil balanciert. (Antwort: In dem er vorsichtig einen Fuß vor den anderen setzt und die Arme zur Seite streckt.)

◎ Versichern Sie den Kindern, dass immer ein Netz unter dem Seiltänzer gespannt ist – für alle Fälle!

Los!

◎ Nun sollen die Kinder sich in einer Reihe an der Tür aufstellen. Sie sollen sich vorstellen, Seiltänzer auf einem Seil zu sein und sich so von ihrem Klassenraum bis zum Zielort bewegen.

 # Verrücktes Wetter

Auf die Plätze ...

◎ Sprechen Sie die Aufmerksamkeit und Vorstellungskraft der Kinder über die folgenden Wetterphänomene an.

Fertig ...

◎ Sprechen Sie mit den Kindern über die folgenden Wetterphänomene (siehe Los!). Was verbinden sie damit?

Los!

◎ Fordern Sie die Kinder auf, sich aus dem Raum herauszubewegen, als ob sie:
- eine leichte Brise wären,
- eine zarte Schneeflocke wären,
- ein schwerer Regentropfen wären,
- eine schwebende Wolke wären,
- die scheinende Sonne wären.

Beachten Sie, dass sich die Interpretationen der Kinder beträchtlich voneinander unterscheiden können – ein gutes Zeichen, dass sie sich trauen, kreativ zu sein.

Entspannungspausen

Entspannung ist erlernbar. Heutzutage, wo Stress immer mehr zu unserem Alltag und auch schon zu dem unserer Kinder gehört, spielt die Entspannung eine immer größere Rolle. Entspannung kann zur Gelassenheit und Ruhe der Kinder beitragen. Sie kann ihnen helfen, den eigenen Körper und die Gefühle zu kontrollieren.

Wenn Sie mit den Kindern regelmäßig Entspannungsübungen einüben, werden sie das bewusste Entspannen schnell lernen. **In der Entspannungs- und Ruhezeit ruhen die Kinder sich aus und sammeln neue Kräfte**. Bestimmte vorgegebene Bilder bei den Entspannungsübungen unterstützen die Vorstellungskraft der Kinder – eine notwendige Fähigkeit für Problemlösestrategien und innovatives Denken.

Sollten Sie Musik in die Übungen mit einfließen lassen, kann dies den musikalischen Zugang anregen und fördern. Hierbei bietet sich natürlich **besonders ruhige und friedliche Musik** an.

Die Übungen in diesem Kapitel sprechen drei Übergänge an: Von der Übung zur Ruhe (S. 92–95), in die Entspannung finden (S. 96–101) und der Übergang aus der Ruhephase heraus (S. 102–104). Alle Entspannungsübungen können jederzeit angewandt werden, wenn die Kinder zur Ruhe kommen sollen.

In diesem Kapitel finden Sie Sprüche und Lieder, die die Namen der Kinder beinhalten. Singen oder sagen Sie diese und schauen Sie dabei jedes Kind an, während Sie langsam von einem zum anderen gehen. Obwohl die Lieder in diesem Kapitel von Ihnen gesungen werden sollen, können die Kinder sie, wenn sie sie oft genug gehört haben, auch leise für sich selbst mitsingen.

... zum Abschiedslied

Eine Feder
schwebt zu Boden

Auf die Plätze ...

◎ Diese Übung regt die Vorstellungskraft an. Das „So-Tun-als-ob" gibt den
Kindern einen Grund, sich langsam zu bewegen, was nicht in der Natur
der meisten Kinder liegt. Das langsame Bewegen erfordert viel mehr
Körperkontrolle als schnelles Gehen.

Fertig ...

◎ Sprechen Sie, falls nötig, mit den Kindern über die Vorstellungen, die Sie
benutzen wollen, damit sie den Kindern nicht neu sind.

Los!

◎ Fordern Sie die Kinder auf, so durch den Raum zu gehen, als seien sie:
- Ballons, aus denen die Luft entweicht, und die vom Himmel heruntersinken
- Aufzieh-Spielzeuge, die langsam die Energie verlieren,
- eine Feder, die zum Boden schwebt,
- Schildkröten,
- kriechende Schnecken,
- Bären, die zu ihren Höhlen stapfen, um dort Winterschlaf zu halten.

✚ Noch mehr Ideen

◎ Wer kann sich wie eines der folgenden Transportmittel
bewegen?
- Heißluftballon oder Flugzeug im langsamen Landeanflug,
- ein Zug, der langsam in den Bahnhof einfährt,
- Motorboote oder Autos, denen das Benzin ausgeht.

Wir stampfen durch den Matsch

Auf die Plätze ...

◎ Auch diese Übung erfordert Vorstellungskraft.

◎ In dieser Übung sollen die Kinder sich jedoch nicht vorstellen, etwas zu sein, sondern sie sollen so tun, als seien sie in einer bestimmten Situation.

Fertig ...

◎ Sprechen Sie mit den Kindern über die Situationen.

◎ Waren sie schon einmal in einer dieser Situationen?

Los!

◎ Fordern Sie die Kinder auf, sich zu bewegen, als seien sie in einer der folgenden Situationen:

- sie gehen über rohe Eier
- sie schrumpfen langsam
- sie schwimmen mit langen, leichten Zügen
- sie gehen durch tiefen Schnee oder Matsch
- sie sinken langsam zu Boden
- sie schmilzen wie eine Eiskugel in der Sonne
- sie stampfen durch den Matsch

Zeitlupe

Auf die Plätze ...

◎ Auch diese Übung schult die Vorstellungskraft und das langsame Gehen.

Fertig ...

◎ Fragen Sie die Kinder, ob sie im Fernsehen schon einmal eine Zeitlupenwiederholung, z.B. während eines Fußballspiels, gesehen haben.

◎ Eine Zeitlupenwiederholung zeigt das Geschehen viel langsamer,
als es eigentlich ist.

Los!

◎ Nun sollen die Kinder wie in Zeitlupe durch den Raum gehen.
Sie können dabei auch eine Szene nachspielen.

Langsam werden

Auf die Plätze ...

◎ Langsame oder gebremste Bewegungen sind viel schwerer für Kinder als schnelle Bewegungen, weil sie zusätzliche Kontrolle erfordern.

◎ Diese Übung, die die Sinne „Sehen" und „Hören" anspricht, hilft den Kindern, sich kontrolliert zu bewegen.

Fertig ...

◎ Erklären Sie den Kindern, dass Sie langsam in die Hände klatschen oder eine Trommel schlagen werden. Die Kinder sollen, in dem von Ihnen vorgegebenen Rhythmus, durch die Klasse gehen.

◎ Machen Sie es einmal vor, sodass die Kinder sehen können, was Sie meinen.

Los!

◎ Gehen Sie langsam bis mittelschnell durch den Raum und klatschen oder schlagen eine Trommel. Bei jedem Schlag gehen Sie einen Schritt.

◎ Ermutigen Sie die Kinder, es Ihnen nachzumachen.

◎ Lassen Sie nach und nach Ihr Klatschen oder Trommeln und Ihre Schritte langsamer werden.

✚ Noch mehr Ideen

◎ Nach einigen Malen können sich die Kinder bestimmt an dem von Ihnen vorgegebenen Rhythmus orientieren und Sie brauchen nicht mehr mit durch den Raum zu gehen.

Wir schweben auf einer Wolke

Auf die Plätze ...

◎ Diese Übung können Sie durchführen, wenn Sie den Kindern dabei helfen wollen, sich zu entspannen.

Fertig ...

◎ Sprechen Sie, wenn notwendig, mit den Kindern über die Situationen (siehe Los!), die Sie benutzen wollen.

◎ Wie würden sich die folgenden Situationen anfühlen?

◎ Welche gefällt den Kindern am besten?

Los!

◎ Sprechen Sie sehr ruhig und leise und fordern Sie die Kinder auf, sich folgende Situationen vorzustellen:

• Sie schweben auf einer Wolke.
• Sie liegen in einem warmen Schaumbad.
• Sie liegen am Strand, fühlen die warme Sonne und eine kühle Brise.
• Sie schweben mit dem Wind.

Ich schmelze

Auf die Plätze ...

◎ In jedem Kind steckt ein kleiner Wissenschaftler, der jeden Tag Neues erforscht und entdeckt.

◎ Der Prozess des Schmelzens fasziniert Kinder.

◎ Diese Übung nutzt diese Faszination, um Kindern beim Entspannen zu helfen und sie von einer Arbeitsphase zur Ruhe zu bringen.

Fertig ...

◎ Sprechen Sie mit den Kindern über das Schmelzen.

◎ Fragen Sie:
  • Welche Dinge schmelzen?
  • Ist schmelzen ein schneller Prozess oder geht es langsam?

Los!

◎ Wenn die Kinder ruhig sitzen, fordern Sie sie auf, sich vorzustellen, sie befänden sich auf folgenden schmelzenden Dingen:
  • Eiscreme
  • ein Eiswürfel
  • ein Schneemann
  • ein Stück Butter auf der Heizung
  • Kerzenwachs

... zum Abschiedslied

Statuen und Stoffpuppen

Auf die Plätze ...

◎ Anspannen und Loslassen der Muskulatur ist eine altbekannte Entspannungstechnik, aber diese Worte haben für Kinder keinerlei Bedeutung.

◎ Benutzen Sie Bilder, unter denen Kinder sich etwas vorstellen können, um das Anspannen und Entspannen zu fördern.

Fertig ...

◎ Sprechen Sie mit den Kindern über Statuen und Stoffpuppen.

◎ Fragen Sie die Kinder:

• Woran denkst du, wenn du dir Statuen und Stoffpuppen vorstellst?

• Wie würde es sich anfühlen, eine Statue oder eine Stoffpuppe zu sein?

Los!

◎ Nun sollen die Kinder abwechselnd so tun, als seien sie eine Statue oder eine Stoffpuppe.

◎ Beenden Sie die Übung immer mit der Stoffpuppe.

Ich bin ein Luftballon

Auf die Plätze ...

◎ Manche Menschen entspannen, indem sie die Muskeln anspannen und loslassen, andere haben mehr Erfolg mit tiefem Atmen.

◎ Diese Übung schult das tiefe Atmen.

Fertig ...

◎ Sprechen Sie mit den Kindern über Ballons, die langsam aufgeblasen werden und aus denen dann die Luft langsam wieder entweicht. Besser noch: Zeigen Sie den Kindern an einem Luftballon, was Sie meinen.

◎ Fragen Sie die Kinder, was wohl mit dem Ballon passiert, während er aufgeblasen wird und dann seine Luft wieder verliert.

Los!

◎ Nun sollen die Kinder sich vorstellen, sie seien Ballons in einer Farbe, die sie sich aussuchen dürfen.

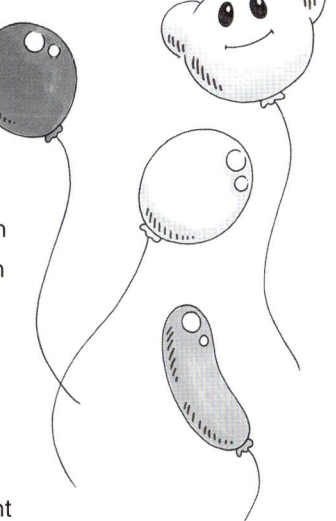

◎ Die Kinder sollen sich vorstellen, sie würden langsam aufgeblasen werden. Dazu atmen sie langsam durch die Nase ein.

◎ Wenn sie vollständig aufgeblasen sind, lassen sie die Luft langsam durch den Mund heraus.

◎ Hinweis: Führen Sie diese Übung nur ein- oder zweimal durch, damit die Kinder nicht hyperventilieren.

➕ Noch mehr Ideen

◎ Diese Übung kann im Stehen, Sitzen oder Liegen durchgeführt werden.

Wir sind am Meer

Auf die Plätze ...

◎ Kinder müssen sich kaum noch selbst etwas vorstellen, da sie mit Bildern aus dem Fernsehen, Video oder Computerspielen überflutet werden.

◎ Diese Übung will diesem beunruhigenden Trend entgegenwirken.

Fertig ...

◎ Fordern Sie die Kinder auf, ihre Augen zu schließen.

Los!

◎ Nun sollen sich die Kinder in ihren Gedanken eine friedliche Szene vorstellen. Sie können ihnen helfen, indem Sie vorgeben, dass sich alle am Meer oder an einem See befinden.

◎ Können sie die warme Sonne und die kühle Brise und das Handtuch unter sich spüren?

◎ Welche Geräusche sind zu hören? Das Wasser? Möwen? Sind die Geräusche entspannend?

Der Schlafwettbewerb

Auf die Plätze ...

◎ Diese Entspannungsübung eignet sich, wenn Sie eine ehrgeizige
Gruppe haben.

◎ Bitte bedenken Sie: Es gewinnt nicht ein Einzelner; die ganze Gruppe
gewinnt.

Fertig ...

◎ Führen Sie diese Übung durch, wenn die Kinder ruhig an ihren Plätzen
oder im Kreis sitzen.

Los!

◎ Fordern Sie die Kinder auf, Ihnen zu zeigen, wer am tiefsten schlafen kann,
ohne zu schnarchen. Wenn Sie den letzten Teil nicht hinzufügen, werden
die Wände wackeln!

◎ Wenn alle Kinder so tun, als ob sie ganz fest schliefen, sagen Sie ganz leise,
dass sie die beste Schlaf-Gruppe seien, die Sie jemals gesehen haben.

Eine Pause für die Augen

Auf die Plätze ...

◎ Diese Übung hilft den Kindern, sich auszuruhen und zu entspannen.

Fertig ...

◎ Singen Sie jedem Kind das folgende Lied vor, während Sie von einem zum anderen gehen.

Los!

◎ Singen Sie das folgende Lied auf die Melodie von „Bruder Jakob".
◎ Und so lautet der Text:

Schließ die Augen,
schließ die Augen,
kleine (Sophie).
Die Augen machen Pause,
die Augen machen Pause,
und dein Körper auch.

Die Katze erwacht

Auf die Plätze ...

◎ Diese Übung ist am erfolgreichsten, wenn Sie vor der Ruhephase mit den Kindern über die Tiere (siehe Los!) gesprochen haben.

Fertig ...

◎ Am Ende der Ruhephase können die Kinder so tun, als ob sie eines der folgenden Tiere seien.

Los!

◎ Fordern Sie die Kinder auf, zu tun, als seien sie:
- ein Bär, der aus dem Winterschlaf erwacht.
- eine Katze, die aufwacht und sich streckt.
- ein Küken, das aus einem Ei schlüpft.
- eine Schildkröte, die unter ihrem Panzer hervorschaut.

➕ Noch mehr Ideen

◎ Sie können auch folgende Bilder benutzen:
- ein Schmetterling, der sich entpuppt.
- ein Mensch, der sich nach dem Aufwachen reckt und streckt.

Countdown

Auf die Plätze ...

◎ Kinder zählen gerne von 10 herunter zu Null.

◎ Benutzen Sie diesen Countdown, um die Kinder langsam aus
der Entspannung herauszuführen.

Fertig ...

◎ Sagen Sie den Kindern, bevor Sie diese Übung beginnen, dass alle bei
Null abheben können wie eine Rakete.

Los!

◎ Zählen Sie **langsam von 10 bis Null**, wenn Sie die Ruhephase beenden
möchten.

◎ Sagen Sie „**Start**", wenn Sie bei Null angekommen sind.

◎ Die Kinder, die möchten, können starten wie eine Rakete.

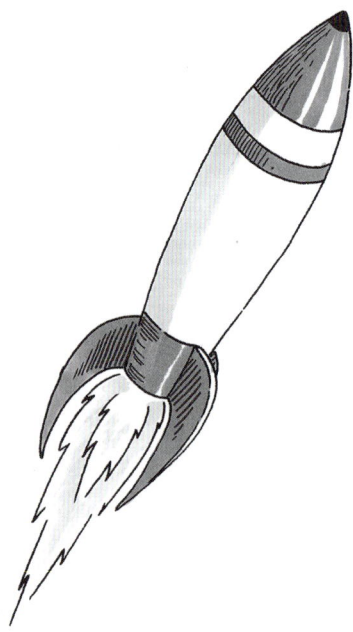

Abschied

Tätigkeiten angemessen abzuschließen, bringt große Genugtuung und Zufriedenheit, deshalb ist **das tägliche Abschiednehmen fast genauso wichtig wie die Begrüßung am Morgen**.

Ein gelungenes Abschiednehmen kann den Kindern dabei helfen, den Tag als einen guten Tag zu betrachten, Sie als Erzieher/Lehrer positiv zu sehen und sich auf den nächsten Tag zu freuen.

Benutzen Sie eine der ersten Übungen in diesem Kapitel, um die Kinder am Ende des Tages zu versammeln. Helfen Sie den Kindern dabei, langsam abzuschalten. Wenn alle zusammen sind, können Sie sie auffordern, sich vorzustellen, sie seien Schneeskulpturen, Eisblöcke oder Eiscremehörnchen, die langsam Richtung Boden schmelzen. Singen Sie ein fröhliches Lied, wenn alle auf dem Boden sitzen, oder machen Sie eine Übung, die wiederholt, was die Kinder heute gelernt haben. Für beides finden Sie Vorschläge in diesem Kapitel.

Auf den Seiten 106–110 finden Sie Übungen, um die Kinder am Ende des Tages zu sammeln. Übungen, die den Kindern dabei helfen, Teile des Tages rückblickend zu betrachten, finden Sie auf den Seiten 111–113.

Und am Ende des Kapitels, auf den Seiten 114–118, finden Sie Übungen, um den Tag abzuschließen und ein Lächeln auf die Gesichter der Kinder zu zaubern.

Genau wie jedes Kind einzeln begrüßt wurde, so soll auch jedes Kind ganz speziell verabschiedet werden. Suchen Sie sich eine Übung aus diesem Kapitel aus, in der der Name des Kindes benutzt wird, oder sprechen Sie jedes Kind mit seinem Namen an, bevor es geht.

Die Übungen in diesem Buch helfen Ihnen dabei, **den Tag abzuschließen**, **einen Rückblick zu schaffen** und den Kindern **ein gutes Ich-Gefühl** zu geben.

... zum Abschiedslied

1-2-3-4-Kreis

Auf die Plätze ...

◎ Dieser Spruch ist einfach und eignet sich gut, um die Kinder im Kreis
zu sammeln.

Fertig ...

◎ Erklären Sie den Kindern, dass sie einen Kreis bilden sollen, wenn Sie diesen
Spruch sagen.

◎ Schalten Sie das Licht ein und aus oder nutzen Sie ein anderes Signal, um
die Aufmerksamkeit der Kinder zu gewinnen.

Los!

◎ Rufen Sie den folgenden Spruch:

1-2-3-4
Einen Kreis brauchen wir.
Jeder passt hinein
und ganz rund soll er sein.

Kommt in die Mitte

Auf die Plätze …

◎ Singen Sie dieses Lied, um die Kinder in der Mitte zu sammeln.

Fertig …

◎ Erklären Sie den Kindern, dass alle in der Mitte versammelt sein sollen, wenn Sie das Lied beendet haben.

Los!

◎ Singen Sie das folgende Lied auf die Melodie von „Zeigt her eure Füße".

Kommt her in die Mitte!
Kommt her in uns'ren Kreis!
Kommt alle zusammen
und seid dabei schön leis.

Kommt her, ich will euch sagen,
dass ich euch alle mag.
Ich freue mich auf morgen,
es war ein schöner Tag.

Eine runde Form

Auf die Plätze ...

◎ Diese Problemlöseaufgabe dient dazu, die Kinder in einen Kreis zu bringen.

◎ Stellen Sie diese Aufgabe erst, wenn Ihre Kinder sie kognitiv bewältigen können.

Fertig ...

◎ Benutzen Sie ein Signal, um die Aufmerksamkeit der Gruppe zu gewinnen, z.B. schalten Sie das Licht aus und an oder klingeln Sie mit einem Glöckchen.

Los!

◎ Fordern Sie die Kinder auf, eine runde Form zu bilden, an der jeder in der Gruppe beteiligt ist.

✚ Noch mehr Ideen

◎ Wenn Ihre Kinder schon weiter sind, können Sie diese Aufgabe schwieriger gestalten. Fordern Sie sie auf, sich an den Händen zu halten und so zu stehen, dass alle auf denselben Punkt schauen.

Komm in den Kreis, wenn ...

Auf die Plätze ...

◎ Mit dieser Übung sammeln Sie die Kinder im Kreis und regen sie zum Nachdenken an.

Fertig ...

◎ Bevor Sie diese Übung anwenden, müssen die Kinder die Buchstaben in ihrem Namen und den Monat, in dem sie geboren sind, kennen.

Los!

◎ Rufen Sie: „**Komm in den Kreis, wenn dein Name mit einem (A) beginnt**."

◎ Führen Sie die Übung fort, bis alle Kinder im Kreis versammelt sind.

✚ Noch mehr Ideen

◎ Rufen Sie nun anstatt des Anfangsbuchstabens den Geburtsmonat, z.B.: „**Komm in den Kreis, wenn du im Januar Geburtstag hast**."

◎ Ändern Sie jedes Mal, wenn Sie diese Übung durchführen, die Reihenfolge der Monate.

◎ Bei dieser Variante müssen die Kinder über ihre Reaktion nachdenken und sich so zum Kreis bewegen, dass ihre Bewegung dazu passt.

◎ Rufen Sie: „**Komm zum Kreis, wenn Katzen** (Hunde, Pferde, Vögel ...) **deine Lieblingstiere sind**."

◎ Die Kinder bewegen sich wie ihre Lieblingstiere zum Kreis hin.

Der Zug

Auf die Plätze ...

◎ Diese Übung eignet sich besonders gut, wenn Sie mit Ihren Kindern gerade über ein Transport-Thema sprechen.

◎ Züge faszinieren Kinder, daher wird sich dieses zweiteilige Spiel großer Beliebtheit erfreuen.

◎ Nutzen Sie es, um die Kinder zu sammeln und einzeln zu verabschieden.

Fertig ...

◎ Sprechen Sie mit den Kindern über Züge. Wie viele Kinder sind schon mal mit dem Zug gefahren?

◎ Erklären Sie die Regeln dieses Spiels. Bestimmen Sie einen Ort im Raum als Endhaltestelle. Eine Spiel- oder Leseecke wäre besonders gut geeignet.

Los!

◎ Im ersten Teil des Spiels bewegen sich die Kinder frei im Klassenraum. Gehen auch Sie durch den Raum, bleiben Sie jeweils bei einem Kind stehen und rufen Sie: „Tuut-tuut, alle einsteigen!"

◎ Dieses Kind „steigt in den Zug ein", indem es sich hinter Sie stellt und sich an Ihrer Hüfte festhält.

◎ So bewegt sich der Zug durch den Raum und nimmt nach und nach alle Kinder auf.

◎ Gehen Sie weiter durch die Klasse und halten Sie bei jeder Runde an der Endhaltestelle an. Jeweils ein Passagier steigt aus. Das kann entweder das erste oder letzte Kind sein. Falls das erste Kind aussteigt, hält das „neue" erste Kind sich an Ihnen fest.

◎ Bei jedem aussteigenden Kind ruft der Rest der Kinder:
„Tuut-tuut. Bis morgen, (Julia)."

◎ Führen Sie das Spiel fort, bis alle Passagiere ausgestiegen sind.

Lilalobold

Auf die Plätze ...

◎ Diese Übung eignet sich gut am Ende des Tages, da etwas heute Gelerntes wiederholt werden kann.

◎ Außerdem gibt sie den Kindern die Möglichkeit, Entscheidungen zu treffen, was wichtig ist für das Verantwortungsgefühl.

Fertig ...

◎ Die Kinder bilden einen Kreis. Ein Kind ist in der Mitte.

Los!

◎ Die Kinder rufen oder singen:
Was kannst du machen,
Lilalobold, kleiner Kobold?
Was kannst du machen?
Zeig uns lauter tolle Sachen!

◎ Das Kind in der Mitte entscheidet sich für etwas, was es heute gelernt hat, und macht es vor.

◎ Wenn es fertig ist, ruft oder singt die Gruppe:
Wir können das auch.
Wir sind so schlau wie du.
Wir können das auch.
Lilalobold, schau uns zu.

◎ Nun machen alle nach, was das Kind in der Mitte vorgemacht hat. Dann kommt ein anderes Kind in die Mitte.

Das Ende des Tages

Auf die Plätze ...

◎ Diese Übung dient demselben Zweck wie die vorhergehende Übung, hat allerdings den Vorteil, dass die Namen der Kinder benutzt werden.

Fertig ...

◎ Die Kinder sitzen in einem Kreis auf dem Boden.

◎ Jeweils ein Kind geht in die Mitte des Kreises, oder sprechen Sie nacheinander die Kinder im Kreis an.

Los!

◎ Rufen Sie gemeinsam mit den Kindern:
Der Tag geht zu Ende,
wir haben gelernt und gelacht.
Sag uns, (Jonas)**,**
was hast du heute gemacht?

◎ Das genannte Kind sagt oder zeigt etwas, das es heute getan oder gelernt hat.

◎ Wenn es die Zeit erlaubt, können die anderen Kinder das Gezeigte nachmachen.

Ein sonniger Tag

Auf die Plätze ...

◎ Diese Übung gibt den Kindern die Möglichkeit, Sprache zu erforschen und ihre Erlebnisse des heutigen Tages zu beschreiben. Außerdem können sie sich bei dieser Übung körperlich ausdrücken.

Fertig ...

◎ Setzen Sie sich mit den Kindern in einen Kreis. Nun soll jedes Kind seinen Tag mit einem Wort beschreiben.

Los!

◎ Gehen Sie durch den Kreis und fordern Sie jedes Kind auf, seinen Tag mit nur einem Wort zu beschreiben. Mögliche Antworten können sein: schön, glücklich, lustig, sonnig, verschneit ...

◎ Jedes Kind soll sein Wort mit seinem Körper darstellen. Wenn ein Kind „sonnig" geantwortet hat, kann es sich z.B. ganz gerade aufrichten und strahlend lächeln.

Es ist Zeit, zu gehen

Auf die Plätze ...

◎ Singen Sie dieses Lied der ganzen Gruppe oder jedem Kind einzeln vor dem Verlassen des Raumes vor.

◎ Verabschieden Sie jedes Kind einzeln mit seinem Namen (und einem Händeschütteln), wenn Sie das Lied der ganzen Klasse vorsingen.

Fertig ...

◎ Setzen Sie sich mit den Kindern in einen Kreis und singen Sie gemeinsam dieses Lied.

Los!

◎ Singen Sie das Lied auf die Melodie von „Zehn kleine Negerlein".

Es ist nun Zeit, zu gehen.
Der Tag ist fast zu Ende.
Wir woll'n uns morgen wiederseh'n
und schütteln uns die Hände. (Kinder schütteln ihren Nachbarn die Hand)

➕ Noch mehr Ideen

◎ Wenn die Kinder das Lied gut kennen, können Sie es mit ihnen im Kanon singen.

Abklatschen

Auf die Plätze ...

◎ Dies ist ein lustiges Bewegungsspiel.

Fertig ...

◎ Stellen Sie sich mit den Kindern in einen Kreis.

Los!

◎ Sagen Sie folgenden Spruch. Die Bewegungen finden Sie in Klammern hinter jeder Zeile.

Es ist Zeit, zu geh'n.
(zeigen auf Handgelenk, wo eine Armbanduhr wäre)

Es war ein toller Tag.
(beide Daumen hoch)

Wir sagen jetzt „Auf Wiedersehen!"
(winken)

und klatschen ab.
(die Kinder heben beide Hände und klatschen gegen die Hände der Kinder, die rechts und links stehen)

◎ Dann gehen die Kinder an Ihnen vorbei und klatschen mit Ihnen ab.
◎ Wenn ein zweiter Erwachsener anwesend ist, kann er an der Tür stehen und mit den Kindern beim Hinaus-gehen abklatschen.

Ich bin glücklich

Auf die Plätze ...

◎ Diese Übung beinhaltet ein bekanntes Lied.

Fertig ...

◎ Setzen Sie sich mit den Kindern in einen Kreis.

Los!

◎ Singen Sie folgendes Lied auf die Melodie von „If you're happy".
Die dazugehörenden Bewegungen finden Sie in Klammern.

Bist du glücklich, richtig glücklich, klatsche laut.
(zweimal in die Hände klatschen)
Bist du glücklich, richtig glücklich, klatsche laut.
(zweimal in die Hände klatschen)
Zeig uns, dass du glücklich bist, zeig ein lächelndes Gesicht.
(lächeln)
Bist du glücklich, richtig glücklich, klatsche laut.
(zweimal in die Hände klatschen)

Bist du müde, richtig müde, gähne weit. (gähnen)
Bist du müde, richtig müde, gähne weit. (gähnen)
Brauchst du Ruh, brauchst du Ruh, dann mach deine Augen zu.
(Augen schließen)
Bist du müde, richtig müde, gähne weit. (gähnen)

War dein Tag heute schön, dann ruf „Hurra"! (Hurra rufen)
War dein Tag heute schön, dann ruf „Hurra"! (Hurra rufen)
Konntest spielen, lernen, lachen, viele tolle Sachen machen.
(beide Daumen hoch)
War dein Tag heute schön, dann ruf „Hurra"! (Hurra rufen)

A-B-C-Abschied

Auf die Plätze ...

◎ Diese Übung ist eine Alternative dazu, Kinder einzeln aus dem Kreis zu entlassen.

Fertig ...

◎ Um die Lernerfahrung zu verstärken, bietet es sich an, ein großes ABC-Plakat so aufzuhängen, dass es alle gut sehen können und Sie leicht darauf zeigen können.

Los!

◎ Zeigen Sie auf einen Buchstaben und sagen Sie, dass alle Kinder, deren Name mit diesem Buchstaben beginnt, gehen können.

◎ Wenn Sie mit A beginnend in alphabetischer Reihenfolge vorgehen, helfen Sie den Kindern dabei, das Alphabet zu lernen. Allerdings werden dann die Kinder immer in derselben Reihenfolge entlassen. Um das zu vermeiden, können Sie entweder die Buchstaben mischen oder Sie benutzen manchmal den Vornamen und manchmal den Nachnamen.

⊕ Noch mehr Ideen

◎ Schreiben Sie die Namen der Monate auf und entlassen Sie die Kinder in der Reihenfolge ihrer Geburtsmonate.

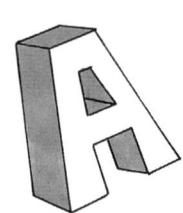
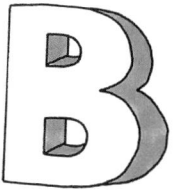
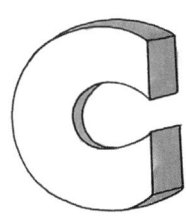

Hinausgehen wie ein ...

Auf die Plätze ...

◎ Diese Übung am Ende des Tages regt die Vorstellungskraft an.

Fertig ...

◎ Sprechen Sie mit den Kindern darüber, wie sich jedes der folgenden Tiere (siehe Los!) bewegt und was alle Tiere gemeinsam haben.

◎ Den Kindern werden die verschiedensten Antworten einfallen. Wichtig ist, dass sich alle Tiere sehr leise bewegen.

Los!

◎ Verabschieden Sie die Kinder einzeln oder in kleinen Gruppen (z.B. alle, die ein blaues T-Shirt tragen, alle mit braunen Augen ...). Geben Sie vor, wie sich die Kinder aus der Gruppe entfernen sollen:

Wie
- eine schleichende Katze,
- ein hüpfendes Häschen,
- eine Maus,
- eine Giraffe,
- ein flatternder Schmetterling,
- ein schwebender Adler.

Noch mehr Ideen

◎ Folgende Bilder fallen nicht unter die Kategorie Tiere, haben aber auch mit leisem Bewegen zu tun:
- eine schwebende Seifenblase,
- eine schwebende Feder,
- ein gleitendes Segelflugzeug.

Literaturtipps

Lernstrategien

Arnold, Ellen: **Jetzt versteh' ich das!**
Bessere Lernerfolge durch Förderung
der verschiedenen Lerntypen.
Verlag an der Ruhr 2000.
ISBN 3-86072-587-4

Konrad, Klaus; Wagner, Annette:
Lernstrategien für Kinder.
Hrsg. v. Jürgen Bennack. Basiswissen
Grundschule Bd. 1 VI.
Schneider Verlag Hohengehren 1999.
ISBN 3-89676-209-5

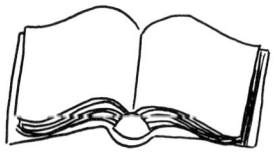

Unterrichtsorganisation

Raschendorfer, Nicola: **ADS –
Und wenn es das gar nicht gibt?**
Handlungsalternativen und Strategien
für den Alltag. Verlag an der Ruhr 2000.
ISBN 3-86072-821-0

Easley, Shirley-Dale; Mitchell, Kay:
Arbeiten mit Portfolios. Schüler
fordern, fördern und fair beurteilen.
Klasse 1–13. Verlag an der Ruhr 2004.
ISBN 3-86072-869-5

Lanig, Jonas: **Gegen Chaos und
Disziplinschwierigkeiten – So geht
das!** Eigenverantwortung in der Klasse
fördern. 30 Tipps und Strategien.
Verlag an der Ruhr 2004.
ISBN 3-86072-916-0

Abernathy, Rob; Reardon, Mark:
Interesse wach halten – So geht das!
Tipps und Tricks für gute Stunden.
Verlag an der Ruhr 2003.
ISBN 3-86072-778-8

Gespräche mit Kindern

Miller, Reinhold: **Das ist ja wieder
typisch!** 25 Trainingsbausteine für gelungene Kommunikation in der Schule.
Beltz Praxis, 4., überarb. Aufl. 2004.
ISBN 3-407-62520-0

Potthoff, Ulrike; Steck-Lüschow, Angelika;
Zitzke, Elke: **Gespräche mit Kindern.**
Gesprächssituationen, Methoden,
Übungen, Kniffe, Ideen. Lehrer-Bücherei:
Grundschule, 2. Aufl., Cornelsen Verlag
Scriptor 1996. ISBN 3-589-05037-3

Steffen, Henriette: **Methoden-Schule
Deutsch: Gesprächsregeln und
Streitgespräche.** 3./4. Klasse.
Verlag an der Ruhr 2004.
ISBN 3-86072-900-4

Entspannung mit Kindern

Schneider, Monika; Schneider, Ralph;
Wolters, Dorothee (Illustr.): **Bewegen
und Entspannen im Jahreskreis.** Mit
Audio-CD. Rhythmisierung, Bewegung
und Ausgleich in Kindergarten und Unterricht. Verlag an der Ruhr 1996.
ISBN 3-86072-244-1

Lendner-Fischer, Sylvia: **Bewegte Stille.**
Stressabbau und Entspannung mit Kindern. Kösel 2004. ISBN 3-466-30652-3

Günther, Sybille: **Snoezelen,
Traumstunden für Kinder.**
Mit Anregungen zur Raum-
gestaltung, Fantasiereisen,
Spielen u. Materialhinweisen.
Ökotopia 2002.
ISBN 3-931902-94-3

Verlag an der Ruhr

www.verlagruhr.de

Wasserspielspaß

Spielen am, im und mit Wasser

Penny Warner
Kiga/GS, 137 S., 16 x 23 cm, Pb.
ISBN 3-86072-795-8
Best.-Nr. 2795
12,80 € (D)/13,15 € (A)/23,– CHF

Fun-Olympics

Sport- und Spaßspiele für alle

Almuth Bartl, Dorothee Wolters
5–99 J., 94 S., 18,5 x 23,5 cm,
Hardcover, vierfarbig
ISBN 3-86072-445-2
Best.-Nr. 2445
15,30 € (D)/15,70 € (A)/27,60 CHF

Bewegung   Spiel   Entspannung

Der Tanzsack geht rum

**Spielen, Gestalten und
Darstellen mit dem Tanzsack**

Heidemarie Deutsch
6–12 J., 130 S., 16 x 23 cm,
Pb. (mit vierf. Abb.)
ISBN 3-8346-0096-2
Best.-Nr. 60096
14,80 € (D)/15,20 € (A)/26,10 CHF

Bewegen und Entspannen nach Musik

**Rhythmisierungen, Bewegung und
Ausgleich in Kindergarten und Unterricht**

Ralph Schneider, Monika Schneider, Dorothee Wolters
Kiga/GS, 56 S., 21 x 22 cm, Pb., zweifarbig,
mit Audio-CD
ISBN 3-86072-150-X
Best.-Nr. 2150
20,40 € (D)/21,– € (A)/35,70 CHF

Verlag an der Ruhr | Bücher für die pädagogische Praxis

Postfach 10 22 51 • D–45422 Mülheim an der Ruhr
Tel.: 02 08/49 50 49 00 • Fax: 02 08/49 50 42 95
E-Mail: info@verlagruhr.de

Verlag an der Ruhr
www.verlagruhr.de

Soundtrack-Spiel
Geräusche hören – erkennen – imitieren
Carola Preuß, Klaus Ruge
4–8 J., CD u. 30 Bildkarten in stabiler Pappbox mit vielen Spielhinweisen
ISBN 3-86072-792-3
Best.-Nr. 2792
15,50 € (D)/16,10 € (A)/27,40 CHF

Alltagsgeräusche als Orientierungshilfen
Carola Preuß, Klaus Ruge
5–10 J., CD u. 28 Bildkarten in stabiler Pappbox mit vielen Spielhinweisen
ISBN 3-86072-289-1
Best.-Nr. 2289
15,50 € (D)/16,10 € (A)/27,40 CHF

motivieren

hinhören

konzentrieren

Das hast du gut gemacht!
Urkunden und Mutmacher für jede Gelegenheit
Lena Morgenthau
Kl. 1–5, 61 S., A4, Papph.
ISBN 3-86072-704-4
Best.-Nr. 2704
17,80 € (D)/18,30 € (A)/31,20 CHF

Konzentrationstraining
Ein systematisches Förderprogramm

1./2. Schuljahr
Uta Stücke
Kl. 1–2, 121 S., A4, Pb.
ISBN 3-86072-442-8
Best.-Nr. 2442
20,40 € (D)/
21,– € (A)/35,70 CHF

3./4. Schuljahr
Uta Stücke
Kl. 3–4, 121 S., A4, Pb.
ISBN 3-86072-559-9
Best.-Nr. 2559
20,40 € (D)/
21,– € (A)/35,70 CHF

Verlag an der Ruhr
Bücher für die pädagogische Praxis

Postfach 10 22 51 • D–45422 Mülheim an der Ruhr
Tel.: 02 08/49 50 49 00 • Fax: 02 08/49 50 42 95
E-Mail: info@verlagruhr.de